ET SI CHAQUE JOUR ÉTAIT UN CADEAU ?

Stefanos Xenakis

ET SI CHAQUE JOUR ÉTAIT UN CADEAU ?

101 HISTOIRES POUR S'ÉMERVEILLER

Le lotus & l'éléphant
POCHE

Publié pour la première fois en 2018 en Grèce par les éditions Key Books
sous le titre *Το δώρο, Ένα τετράδιο θαυμάτων*

Édition française et traduction publiée sous le titre
La méthode To Doro – Il ne tient qu'à vous de voir le bonheur partout

Traduit du grec par Clara Villain

Édition poche

58, rue Jean Bleuzen – 92178 Vanves Cedex

Dépôt légal : novembre 2023
ISBN : 978-2-01-723371-8
80-7942-1

Achevé d'imprimer en Chine par TPL en novembre 2023

Nous utilisons des papiers composés de fibres naturelles, renouvelables, recyclables et fabriqués à partir de bois issus de forêts adoptant un système d'aménagement durable. En outre, nous travaillons avec des fournisseurs de papier qui s'inscrivent dans une démarche de certification environnementale reconnue.

PAPIER À BASE DE
FIBRES CERTIFIÉES

SOMMAIRE

Introduction 11

Lili 15
Le komboloï 18
Honore tes parents 20
Les pièces d'or 23
Ton lopin de terre 26
Marquer un but depuis les vestiaires 29
Un chewing-gum ? 31
Tes buts sont ta vie 34
Cruella 37
Racines 40
Peut-être que finalement tout va bien ? 43
L'humour 46
On ne peut pas plaire à tout le monde 48
L'érosion 51
Combien ça coûte, une petite bouteille d'eau ?... 53
Less is more 55
Le signal 57
Occupe-toi de tes affaires 60
Voir la beauté 63
15 heures à Veria 66
L'électricien 69
Va voir Costas 72

Ça aussi, ça passera 74
La mouche et l'abeille 76
Le mendiant 78
Pourquoi ? 81
Rue du Paradis 84
Éteins la télévision 88
Qui es-tu ? 90
Cahier des miracles 93
Week-end au mont Athos 96
Les épis de maïs 100
La prof de yoga 103
Combien ça vaut, un billet de cinquante ? 105
Un bon mot 107
Aimer l'argent 110
Le cadeau 113
Excursion dans la vie 116
La petite bouteille 119
Passez une bonne semaine ! 122
La vie est-elle régie par des lois ? 124
Le billet de cinq 132
La scie 134
Madame Sousou 137
Tirer la chasse 139
L'anniversaire 141
La main de Dieu 143
Ne réagis pas, réponds 145
Super Papa 147
Que Dieu te garde 150
La cantine 153
La tempête 156
L'art de la vie 159
Les petits nuages 166

Emma 169
L'équation 172
Pourquoi certains réussissent. 175
Joie 178
Ma prouesse à moi 181
Je t'aime. 184
Terrible 187
Oseola 190
La recette des spaghettis 193
Laisse tomber. 196
Nick 199
Ah, ma petite Grèce... 202
Attraper la balle au bond 205
Eau gazeuse 208
Ferme les fenêtres 211
M. Ioannidis 213
La prunelle de tes yeux 216
Harcèlement 219
Laisse ouvert 222
Le voleur 225
La maître-nageuse 227
Le batteur 229
Parle-toi. 231
Le Pakistanais 234
L'âme grecque 237
Ton merdier 240
Le bonheur 243
L'amour 246
Gagner des vies 249
Toi aussi, on te paye au lance-pierre ? 255
Être à l'heure 258
Extraordinaires 260

Le papillon de nuit 263
Le garage 266
N'arrête pas 269
L'énergie des héros 272
Partage 275
Ne te disperse pas 277
Notre but, faire naufrage 280
Un matin sur le front de mer 283
Les lunettes magiques 286
Tu es deux. 290
Le coup de fil 293
Facilement 296
Engagement 299
Avoir tort. 302
Il n'y a que l'amour 304

INTRODUCTION

Je devais être en CM2. Je m'en souviens comme si c'était hier. Il était écrit dans mon livre de physique que si la plupart des gens pouvaient voir, peu d'entre eux savaient observer. À l'époque, je n'avais pas saisi ce que cela signifiait.

J'ai compris en grandissant. Et j'ai appris à observer, moi aussi. J'ai appris à photographier avec les yeux. Avec l'âme, surtout. Ce que l'on a l'habitude d'appeler les petites choses : un coucher de soleil, une fleur, un sourire, un signe. J'ai appris à voir la beauté partout. Même dans la laideur.

J'ai aussi appris à la partager. Et à partager ma vie. À l'unir à celle des autres, pour ne plus faire qu'*un*. Comme les flammes des bougies qui s'unissent lors des processions de la Pâque orthodoxe. Et j'ai compris que c'était là le but de ma vie.

Ensuite, j'ai appris à oser. À me mettre au défi. À affronter mes peurs et mes croyances. À sortir de ma zone de confort. J'ai appris à m'évader de ma cellule. Chaque jour. À chaque heure. À chaque instant. À me libérer de mes propres limites.

Puis j'ai appris à choisir. J'ai appris que c'était à moi de choisir. J'ai appris à garder la tête haute. À garder le sourire. À dire ma vérité. À passer le message. À réfléchir avant de parler. À travailler dur pour réaliser mes rêves. J'ai appris que la vie ne s'offrirait pas à moi sur un plateau, qu'il faudrait la conquérir. Jour après jour. Minute après minute.

Un oncle que j'aimais beaucoup disait toujours que la nourriture ne dure que le temps qu'on l'a dans la bouche. C'est pour ça qu'il faut bien mâcher. Si tu l'avales, hop, c'est fini. Terminé. C'est pareil pour la vie. J'ai appris à bien la mâcher. Et à en profiter. Comme je profite de la cuisine de ma mère. J'ai appris à ne pas manger sur le pouce. J'ai appris à être présent.

Peut-être connais-tu l'histoire du paysan qui creusait la terre quand sa pioche, heurtant quelque chose de dur, se cassa. Le paysan se fâcha d'abord, puis il creusa le sol pour comprendre ce qui avait ruiné son outil de travail. C'était une boîte. Il l'ouvrit. Elle contenait un trésor. Voilà, j'ai appris à ouvrir la boîte. Même quand je n'aime pas l'emballage.

J'ai appris que les plus beaux cadeaux étaient toujours les plus mal emballés.

J'ai appris que la vie elle-même était un cadeau.

Enfin, j'ai appris à reconnaître mes erreurs. J'ai appris à les respecter et à les aimer. À me respecter et à m'aimer. Elle était là, la clef. Au lieu de vouloir faire moins d'erreurs, j'ai cherché à en faire davantage. Et c'est comme ça que j'ai fini par moins en faire.

Cela fait dix ans que j'ai commencé à écrire mon propre cahier des miracles. Mon journal de bord de la gratitude.

Au début, je ne savais pas quoi écrire. Puis, petit à petit, les idées sont venues. Et finalement, j'ai été submergé. Tout ce que je voyais tenait du miracle. Tout ce que je vivais. Pouvoir parler, pouvoir marcher, savoir qu'un lit douillet m'attendait à la maison après une journée difficile. Ma vie s'est transformée. Elle débordait de beauté. J'ai enfin compris que la beauté n'était pas dans ce que je voyais, mais dans mon propre regard.

J'ai continué à tenir ce journal. Je l'avais toujours sur moi. J'écrivais partout. Au travail, dans le train, à la maison. Les lignes se remplissaient de mots heureux, les pages de miracles et ma bibliothèque d'innombrables cahiers.

Et puis, tout à coup, il s'est passé quelque chose de magique. Un jour, j'ai arrêté d'écrire dans mon cahier. J'ai arrêté d'écrire pour moi-même. Je me suis mis à écrire pour ceux qui m'entouraient. J'ai commencé à partager cette chose merveilleuse qui devenait trop grande pour moi.

Le livre que tu tiens entre tes mains
est un morceau de vie.
Ma vie. Notre vie.
Pas de longs discours,
juste beaucoup d'amour.

J'espère qu'il t'aidera à voir la beauté partout, comme il m'a aidé à le faire.

Si je pouvais aider ne serait-ce qu'une seule personne à percevoir cette beauté, alors je n'aurais pas écrit ce livre pour rien. Je ne serais pas arrivé jusqu'ici pour rien.

Stefanos Xenakis

LILI

Ça m'a inquiété. Je n'ai pas l'habitude d'entendre mon téléphone sonner à 7 heures du matin. En général, mes filles, je les appelle pour leur dire bonjour, mais un peu plus tard. C'était l'aînée, en larmes.

« Papa, Lili est morte. Je l'ai trouvée morte dans sa cage ce matin. »

Lili, c'était son lapin.

De son côté, des sanglots.

De mon côté, le vide.

« … Allez, Avra, ça faisait combien de temps qu'on l'avait, notre Lili ?

— Pas beaucoup, Papa, cinq ou six ans.

— Mais, Avra… Ça dure à peu près ce temps-là, la vie des petits lapins », ai-je dit, un peu au hasard.

Encore des sanglots.

« À partir du moment où on naît, la seule chose dont on est sûr, c'est qu'on va mourir un jour. »

> Tout se termine pour recommencer.
> Et tout commence pour se terminer.

« En six ans, c'est comme si Lili avait vécu cent années d'humain. Elle a eu des bébés, elle a vécu heureuse, elle a aimé et elle a été aimée. Peu de gens vivent une aussi belle vie que Lili, mon chaton. »

Silence au bout du fil.

« On va tous partir un jour, mon amour. Lili a vécu cent ans. Toi, tu comptes vivre combien de temps ? Deux siècles ? Trois ? »

J'entends un soupçon de rire au bout du fil…

Les enfants doivent vivre la vie dès son commencement. Pas seulement l'effleurer, mais la vivre. Alors j'ai attrapé la pelle de mon père, j'ai emporté Lili dans une boîte et je suis passé chercher les filles à l'école.

« Vous voulez qu'on l'enterre ensemble, les filles ? » La petite a tout de suite dit oui. La grande a avalé sa salive et a fini par hocher la tête. Nous sommes allés jusqu'à notre colline préférée, à Vouliagméni. Là où la mer se couvre de reflets dorés en fin d'après-midi.

On a eu du mal à trouver de la terre parmi tous les rochers. J'ai creusé un trou et j'ai sorti Lili de sa boîte avec précaution. Elle était enveloppée dans du papier de soie, on aurait dit une petite mariée. Je l'ai prise dans mes bras pour la mettre dans le trou. Ma grande fille ne m'a pas laissé faire. Elle me l'a arrachée des mains, comme l'aurait fait une mère avec son enfant. Elle a retiré le papier de soie avec délicatesse puis a approché Lili de son petit visage avant de lui donner un dernier baiser. Elle l'a ensuite doucement déposée dans la fosse, avec une petite feuille de salade à côté d'elle, pour qu'elle n'ait pas faim.

Elle lui a dit « Ferme tes petits yeux, ma Lili » et l'a couverte avec le papier, comme si elle la bordait dans son lit. Plus tard, elles l'ont entourée de quelques cyclamens et nous l'avons recouverte. Nous avons posé deux grosses pierres par-dessus pour ne pas oublier où dormait notre petit lapin chéri.

Après, nous sommes allés manger une glace.

« Il faut de tout pour faire une vie, mes petits amours. C'est le grand tout. Nous, les humains, séparons les "bonnes" choses des "mauvaises". La pluie et le beau temps sont un tout. La vie et la mort ne sont qu'un, comme l'amour et la peur ; la mer et la montagne ; le calme et la tempête. Le déluge vient après le beau temps, l'hiver après l'été, le mal après le bien. Avant, je n'aimais que la moitié de la vie. Aujourd'hui, je l'aime tout entière », ai-je dit, dans l'espoir d'alléger un peu leur peine.

Je ne m'attendais pas à recevoir de réponse. Elle est venue de la plus jeune.

« Papa, est-ce que ça veut dire que maintenant tu aimes ce que tu n'aimes pas ? »

LE KOMBOLOÏ

Il était assis derrière moi. Je ne l'avais pas vu. Sur scène, le musicien donnait tout. Le public était complètement captivé. Et c'est à ce moment-là que je l'ai entendu pour la première fois. Le komboloï[1]. Derrière moi. Qui frappait régulièrement. Cruellement. Le supplice de la goutte d'eau qui tombe du robinet dans l'évier vide. Au début, je me suis retourné discrètement pour faire comprendre à son propriétaire qu'il me dérangeait. C'était un komboloï de la vieille époque. Avec des perles d'ambre. Son utilisateur était un type entre deux âges, autour de soixante ans. Le bruit s'est arrêté un instant et j'ai cru qu'il avait compris. Puis il a recommencé. Je l'ai regardé une nouvelle fois. Il n'a pas réagi.

Une part de moi n'osait pas s'exprimer. La bataille intérieure a duré quelques secondes. J'ai vite pris ma décision. J'ai appris à ne plus refouler. Je lui ai signalé avec un petit signe de la tête. J'ai montré le komboloï et j'ai souri. L'homme n'a pas saisi. Il a fait mine de me le donner. Il a cru que je voulais jouer avec. La grandeur d'âme du Grec m'a fait rire intérieurement. Toujours prêt à partager. Cette fois-ci, je lui ai expliqué. Poliment.

1. Le komboloï est une sorte de petit chapelet servant à se détendre et à s'occuper les mains. Cet « anti-stress traditionnel » grec, qui peut être assez sonore, est surtout utilisé par les hommes.

C'est ça, la clef : contrôler sa colère. Autrement, on n'arrive à rien.

Il a fini par comprendre et m'a souri. En réalité, il était adorable. Il a tout de suite arrêté. Juste après, j'ai entendu sa fille lui dire : « Moi aussi, Papa, je voulais te le dire. »

Avant, je ne disais pas les choses. Je gardais tout pour moi. Et je ne faisais de bien à personne, surtout pas à moi-même. Ça rend amer de se sentir insignifiant, de croire qu'on ne compte pas, que personne ne nous écoute. Même pas nous-mêmes. Ce sentiment, je l'ai ressenti jusqu'au plus profond de mon âme. Et pour l'autre non plus, ce n'est pas bon. Parce qu'on ne lui donne pas l'occasion de changer. Il ne faut jamais oublier de parler gentiment. Et à soi-même aussi, il faut se parler gentiment. Parce que l'un ne va pas sans l'autre.

On appelle ça le courage et ça peut changer
la vie. Surtout si toi aussi tu as grandi
avec le costume de l'enfant modèle.
Il faut t'en débarrasser.

À l'entracte, on a bavardé un peu. Il était gentil. On a parlé de la vie et de ses petites joies. Une belle personne, un homme gai et expressif. Il m'a pris par l'épaule. On a ri. À la fin, il m'a donné son komboloï pour que je joue avec. Il m'a dit « Je vous dois bien ça » et m'a fait un clin d'œil.

Je l'adore, ce pays.

Je l'adore ce peuple. Le peuple grec.

Il a une grande âme.

HONORE TES PARENTS

À l'époque, j'avais un ami qui vivait à Thessalonique. Un grand gaillard de deux mètres. On allait manger en ville à chaque fois qu'il venait à Athènes. Rien que tous les deux. Et on buvait quelques coups. Le vin délie les langues, n'est-ce pas.

Il avait un don unique pour captiver son auditoire quand il racontait une histoire. Il savait parler, l'animal.

Ce soir-là, la conversation portait sur les femmes. « Mon petit Stef, m'a-t-il dit, un sourire coquin déjà accroché au coin des lèvres, écoute un peu ce que disait mon père à propos des femmes : "Ce qu'il y a de pire chez un homme vaut toujours mieux que ce qu'il y a de meilleur chez une femme…" »

On a pouffé tous les deux. Pas tant à cause de l'absurdité de cette déclaration que de la manière dont il l'avait balancée.

Et là, tout à coup, il s'est mis à pleurer. D'abord doucement, puis de plus en plus fort. Je ne savais pas du tout pourquoi il pleurait ni comment réagir. J'ai simplement respecté cet instant de chagrin.

Ensuite, je lui ai demandé : « Ben alors, mon Babis, qu'est-ce qui t'arrive ?

— C'est mon père. Il n'est plus là. Il est parti d'un coup, il y a des années. Et moi, quel con !, j'ai pas eu le temps de lui dire comme je l'aimais. C'est quand il est parti que j'ai compris toute sa valeur. »

Je suis resté planté là, à le regarder, à souffrir avec lui. On tient les choses pour acquises dans la vie. Même nos parents. Mais rien n'est acquis. Un beau matin, ils cassent leur pipe et on se retrouve tout seul avec les impayés. Et avec tout ce qu'on aurait voulu leur dire et qu'on ne leur dira jamais. Si tes parents sont vivants, vas-y, va les voir. Aujourd'hui.

Quand l'heure est venue,
l'univers n'attend pas.

Prends-les dans tes bras.

N'aie pas peur.

Et dis-leur que tu les aimes.

Ils ont tant fait pour toi.

Il n'y a que quand tu auras des enfants que tu comprendras tout ce qu'ils ont fait pour toi.

Sans rien demander en retour.

Seulement les aimer.

C'est tout.

Donne-leur cet amour.

Derrière chacune de leurs erreurs, il y avait une bonne intention.

Pardonne-leur.

Leurs propres parents ont fait les mêmes erreurs.

Et tu les feras, toi aussi, avec tes propres enfants.

Et un jour viendra, je te le souhaite, où ceux-ci te prendront dans leurs bras, à leur tour.

Pour te pardonner.

Aime tes parents comme tu aimes tes enfants parce que, sans les premiers, les seconds ne seraient pas là.

Parce que tu ne serais pas là, tout simplement.

LES PIÈCES D'OR

En voiture, je cède presque toujours le passage. C'est une de ces choses anodines qui me remplissent de joie. Ce matin-là, devant le supermarché, une petite voiture s'apprêtait à sortir du parking. Je me suis arrêté. Il a fallu une ou deux secondes pour que la conductrice comprenne mon intention. Une dame d'une soixantaine d'années, élégante, une coupe courte et soignée, avec une amie assise à côté d'elle et les deux mains sur le volant. Elle m'a adressé un sourire poli puis a passé la première et la voiture a avancé. Mais le plus important n'était pas encore arrivé. Juste avant de s'insérer dans la circulation, elle m'a jeté un dernier regard. Elle s'est tournée vers moi et m'a gratifié d'un nouveau sourire. Cette fois-ci, son visage entier souriait, peut-être même tout son être. C'était un de ces sourires qui te donnent tout. Sans retenue, sans contrôle. Elle a fermé les yeux avec douceur pour exprimer sa reconnaissance. Comme un deuxième orgasme venant juste après le premier. Inattendu et beaucoup plus puissant. La dame a peut-être disparu, mais son sourire est resté là, à réchauffer mon âme. Cette énergie m'a porté pendant un long moment, je ne m'attendais pas à ce qu'elle soit aussi puissante.

Une demi-journée a passé. Nous étions en fin d'après-midi, je m'étais arrêté à un feu et j'écrivais un message sur mon téléphone. J'étais distrait. Du coin de l'œil, j'avais vaguement remarqué un véhicule garé sur le trottoir. Quand le feu est passé au vert, j'ai vu que le conducteur me regardait avec insistance, comme s'il voulait quelque chose. J'ai compris qu'il voulait s'insérer sur l'avenue. Il conduisait un fourgon et la manœuvre n'allait pas être facile. Par la fenêtre ouverte, je voyais son visage poupin, son sourire ; on aurait dit un gosse. Un peu enrobé, avec une barbichette et des lunettes. C'était le genre de type que tu reconnaîtrais tout de suite sur une vieille photo de classe de l'école primaire. Je l'ai laissé sortir tranquillement. Il ne s'y attendait pas. Son sourire enfantin a inondé son visage et le mien avec. Il m'a lancé un regard complice, comme quand à l'école notre voisin nous soufflait les réponses d'un contrôle alors qu'on avait perdu tout espoir. Un sourire magnifique. Il a sorti la main par la fenêtre pour me remercier. Un peu plus loin, au bout de l'avenue, le brave garçon a même mis la tête dehors pour me faire signe. Longuement, avec gratitude. Comme si les résultats du contrôle étaient déjà connus et qu'il avait eu une bonne note. Encore un sourire, encore une puissante énergie. Ça m'a ému, j'en ai eu les larmes aux yeux. Comme si ces deux énergies s'étaient rejointes pour n'en former qu'une seule. Si forte qu'on ne trouve pas les mots pour la décrire. De toute façon, c'est inutile.

Je profite des petites joies de la vie. Elles sont aussi précieuses que des pièces d'or.

Je distingue leur éclat de très loin. Je me penche et je les ramasse. Une par une. Et j'ai une petite boîte secrète cachée à l'intérieur de moi, tout au fond. C'est là que je les conserve. Au fil du temps, j'ai constitué un vrai trésor. Chaque jour, je suis un peu plus riche. Et un peu plus heureux. Et peu m'importe le cours de leur valeur.

Moi, je connais leur vraie richesse.

TON LOPIN DE TERRE

On nous a donné un lopin de terre. Ça n'avait rien d'évident. On nous a demandé de nous en occuper. On nous a appris la base. Retourner la terre. L'arroser. La fertiliser. L'aérer. La régénérer. La laisser reposer. L'aimer.

Certains ont fait ce qu'on leur avait dit. Ils ont obéi. Puis ils se sont arrêtés là. Ils ont considéré qu'ils en savaient assez. Ils n'ont pas cherché à en apprendre davantage.

D'autres n'en ont fait qu'à leur tête. Ils ont fait tout le contraire de ce qu'on leur avait conseillé. Par esprit de contradiction. Mais, en fin de compte, c'est eux-mêmes qu'ils ont punis. Le lopin de terre a séché.

Certains ont décidé de continuer à apprendre. Ils ont cherché, ils ont essayé. Ils ont ouvert des livres, ont lu, ont écouté. Et ils ont appris la leçon la plus importante de toutes : qu'ils ne savent pas. Ils ont alors décidé qu'ils allaient apprendre. Toujours plus et jusqu'au bout. Et ça a changé leur vie. Puis ils ont changé la vie des autres. Leur lopin de terre est finalement devenu un paradis.

D'autres ont pleuré sur leur sort. Parce que leur lopin de terre n'était pas au bord de la mer. Parce qu'il ne pleuvait pas assez. Parce que ceux qui réussissent sont pistonnés. Quelques-uns ont essayé de mettre au point un nouveau système. Qui prendrait aux riches pour donner aux pauvres. Par la force. Au lieu d'observer les riches pour les imiter. Ce sont ceux qui aimeraient voir la chèvre du voisin dépérir, ou, au moins, son herbe sécher.

Certains ont froid l'hiver. D'autres ont trop chaud l'été. Certains ont chaud l'été ET froid l'hiver. D'autres ne savent pas ce qu'ils veulent. Certains n'ont tout simplement pas envie de vouloir. Ils croient que si janvier ne leur plaît pas, il leur suffit d'arracher une page à leur calendrier. Ils font campagne pour que tout le monde en fasse autant. Et malheur à celui qui ne la déchire pas.

Sauf que janvier existe. Comme tous les autres mois. Comme toutes les saisons. Il y a une saison pour le semis et une saison pour la récolte. Une saison pour l'arrosage et une saison pour le rempotage. Chaque plante a ses petites habitudes. L'une se sème, l'autre se greffe. Graines d'un côté, boutures de l'autre. Respecte leurs besoins et occupe-toi de ton lopin. Ton boulot, c'est de cultiver ce qu'on t'a donné, pour ensuite le transmettre plus beau et plus grand. C'est comme ça que ça fonctionne, l'univers. Un vélo, s'il n'avance pas, il tombe. Le bon paysan sait attendre. Et il sait croire. Mais, avant tout, il sait semer.

Mais ça aussi, il l'a appris en chemin. À force d'efforts. Et d'erreurs. C'est pour ça qu'il ne craint pas les erreurs. Elles sont notre expérience. Il faut en tirer toutes les leçons. Il ne faut craindre qu'une chose : c'est d'avoir peur de ses erreurs. Celui qui fuit les échecs fuit aussi le succès. Une équipe qui entre sur le terrain terrifiée à l'idée de prendre un but a toutes les chances de perdre.

Au début, tu vas gaspiller de l'eau. Tu vas semer au mauvais moment. Tu vas oublier de tailler. Tu vas fatiguer ta terre. Tu ne vas pas l'aimer. Tu vas râler. Tu vas la laisser sans défense. Considère cette épreuve comme une échelle. Chaque fois que tu monteras d'une marche, tu en dégringoleras deux. Mais persiste. Et fais attention, ne gaspille pas tes journées inutilement. Ne laisse pas ta vie passer comme un ange.

Chaque jour est un cadeau.
Ouvre-le. Ne le gaspille pas.

Méfie-toi de la vie facile.
C'est une petite mort. Lente, mais certaine.
Aime les problèmes.
C'est eux qui t'emmèneront plus loin.
Accueille les difficultés de bon cœur.
Plus le vent est fort, plus le bois est solide.

MARQUER UN BUT DEPUIS LES VESTIAIRES

La vie, soit tu l'habites, soit tu la subis. Une femme ne peut pas être « un petit peu enceinte ». Elle l'est ou elle ne l'est pas. Si un ballon atterrit dans le filet, il y reste. Surtout ici bas. Tu ne peux pas retourner en arrière. Mais il y a le jour d'un côté et la nuit de l'autre. Par ici, la plainte, la contrariété, la colère, l'impatience, la dépression. Par là, la joie, le partage, la dignité, le succès, la force. Des problèmes, il y en a par ici et il y en a par là. Tant que tu vivras, tu en auras. Si tu n'en as plus, tu es foutu. Mais d'un côté, ils ressemblent à des sacs de frappe déchirés, qui pèsent une tonne et qui puent la transpiration. Tout droit sortis d'un vestiaire où personne n'a envie de mettre les pieds. De l'autre, ils arrivent parés de mille couleurs, la mine réjouie. Presque en un clin d'œil.

La vie, tu ne la contrôles pas. Mais tu définis tes conditions et elles définissent la tienne. Si tu veux accomplir ce qu'ont accompli les plus grands, tu dois imiter l'attitude des plus grands.

Il s'appelle Robin Sharma et il est Canadien. Il m'a influencé comme personne. C'est grâce à lui que j'ai compris combien il était important de se lever de bonne heure. Il nous dit : « Lève-toi à 5 heures du matin, quand tout le monde dort encore et que ton énergie est au sommet. Commence ta journée en marquant un but depuis les vestiaires. Réveille-toi avec tes rêves, tes buts, avec ta gymnastique. Réveille-toi avec la vie de ton côté. Dessine-la, jour après jour, comme si personne n'avait plus d'importance que toi-même. Tu vis pour toi. »

Ce qui compte le plus, c'est le message que tu t'envoies. Quand tu gagnes la bataille du réveil, tu déclares haut et fort que c'est toi qui diriges ta vie. Le message est si puissant que même ton autre toi l'entend. L'autre, le tire-au-flanc, le paresseux, l'indulgent. Celui qui te souffle à l'oreille que tu mérites bien encore un peu de sommeil. Qui te demande : « À quoi bon courir, comme ça, au cœur de l'hiver ? » Qui te dit de laisser tes rêves de côté encore un moment, en attendant la fin de la crise. Qui ronronne, pelotonné devant la cheminée, comme un chat nonchalant. L'un se trouve d'un côté du filet, l'autre à l'opposé. Tu dois en finir avec cet autre toi. Il arrache tes rêves avant qu'ils n'aient eu le temps de prendre racine. Il vole ta vie avant qu'elle n'ait eu le temps de fleurir. C'est une mort lente. Tu dois en finir, t'en débarrasser.

Te réveiller et choisir ton camp.

Chaque matin, le réveil, c'est le coup de sifflet qui marque le début du match de la vie.

Il faut frapper vite et fort. Très fort. Que l'univers tout entier soit au courant.

UN CHEWING-GUM ?

J'y vais une fois par semestre. C'est mon avocat et il est spécialisé dans les faillites. Dans son cabinet, on rencontre un peu de tout. Pas toujours des enfants de chœur. Je suis arrivé à l'heure. Il a toujours du travail par-dessus la tête, Makis. Et il nous fait attendre. Un peu comme un dentiste. J'attendais mon tour quand un autre client est entré dans la salle d'attente. Je n'y ai pas fait attention. Je lui ai juste jeté un coup d'œil, comme ça, en passant. Une barbichette, un grand sourire, une mine sympathique, un gars *a priori* gentil.

La secrétaire nous a demandé si on voulait un peu d'eau. J'ai dit non. Le type a dit oui. Je l'ai envié et je suis revenu sur ma décision. Je lui ai souri, comme le veut l'usage dans ce genre de situation. Entre gêne et politesse. Il m'a souri en retour. Ainsi, on avait commencé à briser la glace. Peu après, il a plongé sa main dans son sac et m'a regardé.

« Un chewing-gum ? m'a-t-il proposé.

— Non merci », ai-je répondu mécaniquement.

Ensuite, l'avocat-dentiste m'a fait entrer dans son bureau et j'ai oublié.

Le rendez-vous s'est bien passé.

Plus tard, j'ai repensé au chewing-gum. Cet épisode m'est resté à l'esprit toute la journée. Comme une mouche dans le lait. Insignifiant, me diras-tu.

Le partage n'est jamais insignifiant.
C'est ce qu'il y a de plus important.
C'est sacré.

C'est un concentré d'amour qui te guérit. Qui guérit celui qui donne, avant tout. L'objet du don n'a pas d'importance. Qu'on offre une voiture ou un livre, la joie est la même.

On partage ou on ne partage pas. Il n'y a pas de demi-teinte. C'est tout noir ou tout blanc. On sait jouer au ballon ou on ne sait pas. Mais ce qui est beau, c'est qu'on peut toujours apprendre. Et si on apprend à partager, on ne peut plus faire autrement. C'est addictif. On ne peut plus s'en passer.

Tu ne sauras jamais ce qu'aurait été ta journée, ta semaine et, au bout du compte, ta vie tout entière si tu n'avais pas dit ce fameux *merci*, si tu n'avais pas laissé passer ce piéton, si tu n'avais pas souri à cet inconnu. Ce que ce dernier va en faire, c'est son problème. Occupe-toi de ton propre cas. Le résultat est magique. Ça va changer ta vie. Tu vas embellir, t'adoucir, t'épanouir. Tu auras tout à coup tout ce dont tu rêvais.

Le Christ a dit : « Que celui qui a deux tuniques en donne une à celui qui n'en a point. » Tout est là : il faut avoir pour pouvoir partager. Ne l'oublie pas. Si tu es sûr que tes propres batteries sont pleines, tu peux y brancher les câbles du voisin pour l'aider à démarrer. Autrement, vous allez finir tous les deux à plat.

Il était une fois un type qui s'appelait Joey Dunlop. Il était d'Irlande du Nord. Quintuple champion du monde de moto. Le héros national de sa patrie. Tout le monde l'adorait. Pas pour ses médailles d'or, non, mais pour son cœur en or. Il donnait tout ce qu'il avait aux enfants démunis. Il achetait à manger. Et sans faire de bruit, sans se montrer, il sillonnait la Roumanie avec une camionnette et faisait des tournées de distribution dans les orphelinats.

Il est mort à quarante-huit ans, dans un accident. Ce jour-là, toutes affaires cessantes, cinquante mille personnes ont pris le temps de le saluer une dernière fois. Cinquante mille personnes ont rendu hommage à sa grandeur, ont célébré sa vie. Je donnerais sans hésiter cent ans d'une vie normale pour une heure d'une vie comme la sienne. Ne reste pas là à regarder ton paquet de chewing-gums. Partage-le.

On est là pour ça.

TES BUTS SONT TA VIE

Je n'ai jamais eu le sens de l'orientation. Je me perds facilement. Mais depuis un certain temps, j'ai un GPS sur mon téléphone. Quand je me mets en route, je sais où je veux aller. Je connais ma destination. Si je ne sais pas COMMENT y aller, j'utilise mon GPS. Parfois, je l'utilise même si je connais la route. Souvent, il m'indique un meilleur chemin. Et j'apprends.

La plupart du temps, les gens n'ont pas défini leur destination. Ils n'ont pas de but. Beaucoup pensent en avoir, mais c'est faux. Un jour, un orateur a demandé à son public quel était son but. Quelqu'un a levé la main et a répondu qu'il voulait gagner de l'argent. L'orateur lui a donné un dollar. « Alors, content ? » l'a-t-il questionné en souriant. Le but doit être précis, quantifié. Par exemple : je vais peser soixante et onze kilos ; nous allons sortir en famille une fois par semaine ; je vais gagner trois mille euros par mois ; je ferai des examens de santé chaque année, en avril. Et ainsi de suite.

Il y a bien des années, l'université Harvard a mené une étude parmi ses étudiants, pour savoir combien d'entre eux avaient des buts. Finalement, seuls 3 % de ces jeunes gens en avaient. Trente ans plus tard, ils les ont retrouvés, pour voir ce qu'ils étaient devenus. Eh bien, les 3 % ayant déclaré avoir des buts avaient gagné à eux seuls autant d'argent que les 97 % restants.

Oui. Plus tu imagines ton avenir avec précision, plus tu as de chances d'en faire ton présent. Le but conduit le présent vers le futur. Il rend visible l'invisible.

Tu fais pour tes vacances des projets plus beaux, plus solides que pour ta vie. Ta vie, tu la laisses entre les mains du hasard, alors elle avance au hasard. Elle se dirige vers des coordonnées que tu n'as pas choisies. Et tout au bout du chemin, tu te dis qu'elle n'a pas été juste avec toi. C'est toi qui ne lui as pas rendu justice. Ni à elle, ni à toi-même. Tes voyages, tu les organises dans les moindres détails. Auprès de quelle agence tu vas réserver, avec quelle compagnie tu vas voler, dans quel hôtel tu vas dormir, quels monuments tu vas visiter. Et ta vie, la pauvre, on dirait un lit mal fait. Et tous les matins, rien qu'à la voir, tu replonges. Mais si tu ne fais pas ton lit, il ne va pas se faire de lui-même.

Tous les grands de ce monde avaient des buts. De grands buts. Ils souhaitaient changer le monde. Ils savaient exactement où ils voulaient aller. Et ils ont réussi. Il leur a fallu définir les coordonnées. Et travailler. Beaucoup. Leur vision était si vivace dans leur esprit et dans leur âme qu'elle s'y est enracinée bien avant d'être visible par les autres. Gandhi, Mandela, Edison, Martin Luther King, Kennedy, Disney, Jobs.

Leur vision était leur boussole. Leur vie. Ils auraient sans doute préféré perdre leur vie que leur vision.

Quand on a demandé à Helen Keller comment était la vie pour les non-voyants, elle a répondu :

« L'unique chose qui puisse être pire
que d'être aveugle est d'avoir la vue,
mais pas de vision. »

CRUELLA

Dimanche soir. Les toutes dernières heures de la semaine. Je trouve le temps de faire un jogging. Sur le chemin du retour, je m'arrête dans un snack à Glyfada pour acheter une petite bouteille d'eau fraîche. Il est 20 heures. Je me gare en double file. Le comptoir est à dix mètres de ma voiture, au maximum. Contact visuel optimal. Bon, je suis légèrement hors-la-loi, mais je ne devrais pas prendre la perpétuité non plus.

Je m'apprête à sortir de ma Smart. Je sens que quelque chose m'a mis le grappin dessus. Si j'avais été un aimant, j'aurais affirmé sans hésiter qu'un petit bout de métal se trouvait à proximité. Je me retourne pour regarder. La fenêtre de la voiture garée entre le trottoir et moi est à moitié baissée. La conductrice, la main sur le volant, me fusille du regard. Comme une maman tigre qui saurait son petit en danger. Son visage respire la colère. Les sourcils froncés, elle me lance un regard noir. Elle prononce des mots que je n'entends pas puis dresse un doigt que mes filles n'ont pas le droit de dresser. Furieuse et insultante. Je sens la piqûre de son dard mais je ne réponds pas. Ça n'a rien à voir avec moi. Avec elle, seulement. Je démarre, je vais faire marche arrière pour la laisser sortir.

Et là, l'inconcevable se produit : je n'arrive pas à passer la marche arrière. Je réessaie. Rien. La dame a aussi mis le grappin sur ma voiture. C'est la première fois que ça arrive à ma petite Smart. Je suis confus. La conductrice est hors d'elle, le doigt se dresse de plus belle. La lave en fusion déborde de partout. Elle fait une manœuvre brusque pour sortir. Je coupe le moteur et je redémarre, des fois que ma voiture reprendrait ses esprits. Effectivement, cette fois-ci, elle y arrive. La femme appuie sur le champignon, plein gaz, façon Cruella, et disparaît.

Il y a quelques années, je serais peut-être entré dans le conflit. Plus maintenant. Je sais combien mon énergie est précieuse et je la protège comme la prunelle de mes yeux. Je sais contenir ma colère. Je sais m'éloigner des gens toxiques. Je sais que cette femme n'avait rien contre moi et que je n'aurais rien pu faire pour l'aider.

Je sais maintenant ce qui dépend de moi
et ce qui n'en dépend pas.
Quand ça dépend de moi, je donne tout.
Quand ça ne dépend pas de moi,
je passe mon tour.

Mon père disait toujours : « Ça rentre par une oreille, ça ressort par l'autre. »

Tu me diras, c'est plus facile à dire qu'à faire. Ce n'est pas vrai. C'est de l'entraînement.

Quand j'étais petit, je regardais les cyclistes avec envie. Je n'imaginais pas que, moi aussi, un jour, je saurais faire du vélo. C'est juste de l'entraînement. Aujourd'hui, j'ai appris à me tenir à l'écart des gens toxiques.

Bien évidemment, après cet incident, ma voiture n'a plus jamais eu de soucis de marche arrière. Peut-être qu'elle aussi doit apprendre à se défendre des gens *toxiques*.

RACINES

Chaque été nous allons à Chios. C'est chez nous. Notre terre natale. Depuis ma naissance, mes parents se sont toujours arrangés pour que nous y allions régulièrement. Ils m'ont appris à aimer ce lieu. Et c'est ce que je fais aujourd'hui avec mes propres enfants.

Cette année, nous avons emmené des amis. Pour qu'ils apprennent à l'aimer, eux aussi. Une ou deux heures avant le départ du bateau, au port du Pirée, sur le quai numéro E2, une longue file de voitures se dessine. C'est un endroit où l'on croise souvent de bons amis. Ils partent aussi sur l'île, en famille. On fait connaissance avec les nouveaux venus. On observe des sourires, on entend des taquineries. Prochaine étape, la cabine du bateau. Les petites grimpent dans les couchettes du haut. Elles tirent des plans sur la comète, où elles vont dormir, comment elles vont dormir, et les voilà qui se fabriquent des cabanes avec les couvre-lits. À croire que nous allons passer des jours entiers dans cette cabine alors que ça va durer six heures, à tout casser. Nous allons saluer le port depuis la poupe. Nous observerons les manœuvres et nous regarderons le Pirée s'éloigner, comme dans un film en noir et blanc des années 1970.

Dans la salle du restaurant, nous chercherons une table près d'une fenêtre. Les stewards vont venir, avec leurs chemises toutes blanches, prendre notre commande. Moi, je prends toujours du riz avec de la sauce. C'est aussi ce que mangeait mon père. Il était capitaine, il savait ce qu'il faisait. Ensuite, nous retournerons à la cabine et nous nous raconterons des histoires au clair de lune. L'aînée n'aura pas besoin de sa veilleuse. Elles me réclameront leurs histoires préférées. Toutes, sans exception. Je ne sais pas qui se régale le plus. Elles, qui écoutent, ou moi, qui raconte ? Elles finissent toujours par s'endormir au beau milieu d'une histoire. Je suis calé dans le lit du haut, avec la petite. Elle est du côté du mur, je suis du côté du vide. Comme le faisait ma mère quand j'avais six ans. À 4 h 30, ce sera le réveil. Une heure brutale. Les stewards viendront frapper à notre porte. « Chios, nous sommes arrivés », clameront-ils avant d'allumer la lumière, parce qu'il ne faudra pas se rendormir. Une colère momentanée. Qu'on oubliera tout de suite. Je me lèverai le premier, je les réveillerai au dernier moment et je les prendrai dans mes bras. Comme le faisait mon père.

Sur le chemin de l'hôtel, dans la nuit noire, nous passons près des fameux moulins de Chios. La petite dernière raconte à sa meilleure copine tout ce qu'elle sait sur les moulins. La copine roupille. J'ai du mal à ne pas rire. Un peu plus bas se trouve la statue du marin disparu. C'est là que ma tante adorée venait toujours marcher. Maintenant, elle flâne quelque part du côté du paradis et elle sourit de ses exploits passés.

Nous arrivons à l'hôtel. La petite pousse sa valise d'une main et conduit sa trottinette de l'autre. Elle refuse catégoriquement de la laisser dans la voiture. Avec ses roues fluorescentes, le bolide fait des huit dans le noir. Ma fille se sent l'âme d'une héroïne. Il n'y a qu'elle qui puisse comprendre ce qu'il y a de si noble à ne pas laisser sa trottinette toute seule dans le coffre. Il n'y a qu'elle qui puisse ressentir toute la richesse de l'enfance.

Nous entrons dans notre chambre un peu après 5 heures. Les filles n'ont pas du tout envie de dormir. Moi non plus, à leur âge, je n'avais pas sommeil.

La petite ouvre le frigo. « Ben, ils sont où les gâteaux ? » demande-t-elle, aussi perplexe que déçue. Je la rassure : « On les achètera demain, au port. » Des petits câlins, quelques histoires et nous sombrons tous les trois, les uns sur les autres.

À l'aube, la plus grande saute comme un ressort. « Je vais voir Papy et Mamie. » Je lui demande un bisou, elle me le fait en vitesse avant de filer.

Et encore, on vient à peine de poser le pied sur l'île. Je te laisse imaginer la suite.

La magie d'avoir des racines.
La magie de VIVRE.
Merci Papa, merci Maman.

Votre recette est fabuleuse. Je vais la transmettre à mes enfants, et j'espère qu'ils la transmettront un jour à leurs propres enfants.

Je vous remercie, infiniment.

PEUT-ÊTRE QUE FINALEMENT TOUT VA BIEN ?

Hier, je me suis réveillé tôt. J'étais dans un lit bien chaud, sous des draps propres. Je me suis levé et mes jambes me portaient. Elles obéissaient au moindre de mes désirs. Elles m'ont emmené dans la salle de bains. J'ai ouvert le robinet et j'ai adoré cette eau propre qui coulait en abondance. J'ai regardé en face de moi et j'ai vu mon visage. Une fois encore, le miroir accomplissait sa tâche de manière exemplaire. Je bougeais et mon reflet bougeait. Comme si nous n'étions qu'un. Je suis entré dans la cabine de douche et j'ai fermé la porte vitrée. Ce petit espace clos embaumait le savon – une odeur mordante. J'ai adoré sentir l'eau chaude sur mon corps, un bon moment. Il n'y a pas de mots pour décrire cette sensation. Une serviette moelleuse m'attendait sur le radiateur. Je m'en suis enveloppé. J'ai marché pieds nus sur la moquette. Cette fois-ci, mes jambes m'ont conduit à la fenêtre. Je me suis arrêté un instant. Les gouttes d'eau qui ruisselaient à l'extérieur ne rentraient pas à l'intérieur. Je les voyais couler lentement et s'unir les unes aux autres à des carrefours inattendus. J'ai profité du spectacle quelques minutes. Un vrai luxe. J'ai choisi les vêtements que j'allais porter. Il y en avait d'autres dans l'armoire, j'ai pu choisir. Je me sentais bien. J'ai ouvert le frigo. Là aussi, que de choix ! J'ai préparé mon petit-déjeuner, j'ai pressé trois belles oranges. Le presse-agrumes a accompli son petit miracle quotidien. Je n'ai eu qu'à appuyer. Je me suis régalé de ce jus sucré jusqu'à la dernière goutte. Je me suis ensuite préparé à sortir et j'ai fermé la porte. Cette porte ne s'ouvrira qu'à mon retour, avec ma clef à moi. Comme par magie. Aucune autre clef ne peut l'ouvrir.

Cette fois, mes jambes m'ont mené jusqu'à la voiture. Pas la moindre erreur. Exactement là où je voulais. Bingo. Et, oui, j'ai une voiture rien qu'à moi, qui ne s'ouvre qu'avec ma clef, elle aussi. Le moteur a démarré facilement, au quart de tour. J'ai choisi de ne pas allumer l'autoradio. De nouveau, j'ai eu le choix. Le midi, j'ai fait une pause, je suis entré dans un snack et j'ai commandé une salade. En attendant qu'on me l'apporte, j'ai regardé le spectacle de la rue.

Mes yeux voyaient.
Tous les yeux n'ont pas la chance de voir,
tu sais.

J'ai vu des visages joyeux et d'autres beaucoup moins. J'ai vu des gens pressés et d'autres qui flânaient. Partout, je voyais des choses. Je voyais des couleurs. Ma salade n'a pas tardé à arriver. On me l'a servie dans un grand bol propre, plein de laitue, de délicieux croûtons, avec du fromage fraîchement râpé et du poulet chaud. Elle coûtait cinq euros. Et j'avais cinq euros. Je les ai sortis de ma poche et j'ai payé. J'ai aussi un téléphone portable. J'ai envoyé des messages, je me suis connecté à Internet, j'ai lu les nouvelles du monde. Facebook m'a rappelé l'anniversaire d'un bon ami. Je l'ai appelé, ça faisait drôlement longtemps. Ça nous a fait plaisir à tous les deux.

Le soir, je suis rentré chez moi. Mes yeux continuaient de voir, mes jambes continuaient de me porter, mes mains m'obéissaient. Je vis dans un beau pays baigné de soleil. Un pays en paix. Je sais que demain ma maison sera toujours à sa place. Elle n'aura pas été réduite à néant par une bombe perdue. Dans mon pays, nous avons même la démocratie. Je peux dire ce que je veux, où je veux et quand je veux. Je peux être dehors après 22 heures. Je peux aller courir, je peux regarder la télévision, je peux lire, je peux buller. Je peux voir un ami ou rester seul. Je peux sourire, je peux faire ce que je veux. C'est moi qui choisis.

J'ai ouvert la porte de ma maison. La clef a accompli sa mission, comme d'habitude. Sans se plaindre, sans faire d'histoires. Mon lit douillet et mes draps propres étaient là où je les avais laissés.

Hier, je n'ai pas réglé les problèmes de ma vie. Hier, la question du deuxième mémorandum n'a pas été résolue, celle du conflit chypriote non plus. Mais c'était une belle journée.

Et je parie que demain aussi mes jambes céderont à tous mes caprices.

Peut-être que finalement tout va bien ?

L'HUMOUR

La vie est un jeu. On ne perd que si on ne joue pas. C'est une des phrases préférées d'Antonis, mon mentor. Il nous a bassinés avec ça jusqu'à ce que ça rentre.

Je suis à la banque, je fais la queue. Derrière moi, j'entends une conversation intéressante et je tends l'oreille. La femme, une quarantaine d'années, parle à un monsieur d'un certain âge. Elle lui explique combien son propre père a l'air jeune. Et elle lui dit : « Quand les gens nous voient ensemble, ils nous prennent pour un petit couple. » Et puis : « Tenez, le voilà ! Papa, tu peux venir une minute ? »

Un sexagénaire s'approche, le sourire jusqu'aux oreilles. Un sourire de gosse. Bermuda, tee-shirt et casquette sur la tête. Un éternel adolescent. Une énergie qui embarque tout sur son passage. On sourit, rien qu'à le voir. Il se jette dans la conversation. « Quel âge vous me donnez ? » demande-t-il au monsieur. L'autre s'interroge à voix haute : « Soixante ?

— Soixante-quinze ! » lui répond fièrement l'adolescent en éclatant de rire.

Trop c'est trop. Je me retourne, impressionné. Je ne peux pas rater ça. Je cède ma place aux suivants et je me joins à la conversation. Le sourire de ce type irradie. Il me lance : « Je t'ai déjà vu quelque part ! On a peut-être le même coiffeur ? » De nouveau, il éclate de rire. Il retire sa casquette. Il n'a pas un poil sur le caillou. Moi non plus. « On se voit à la danse ? Tu te baignes peut-être l'hiver ? » Il fait tout, ce gars-là ! Mais, surtout, il n'oublie pas de rire. Et de jouer. Toutes les occasions sont bonnes.

Tout est dans la joie. Le rire est à la fois son enfant et son parent. C'est la poule et l'œuf. Quand tu es joyeux, tu ris, et rire te rend joyeux. Derrière tout ça, il y a l'humour. L'humour est aux manettes, c'est lui qui fait la régie. L'humour, c'est la vie. C'est l'espoir de voir naître quelque chose de nouveau. Quelque chose de différent. L'humour, c'est la fête qu'on fait à la vie.

Les gens qui ont de l'humour sont plus joyeux. Ils restent jeunes plus longtemps, sont rarement malades, sont plus lumineux. Ils rayonnent. Quand ils arrivent quelque part, ils magnétisent tout le monde. Comme s'ils faisaient s'envoler une poignée de poussière d'étoile. En partant, ils laissent le monde meilleur.

Le bon humour, c'est la qualité, la finesse, le style. Tous les grands de ce monde en ont.

Churchill et Lady Astor se vouaient une haine mortelle. Le jour où Lady Astor a dit à Churchill « Si vous étiez mon mari, je mettrais du poison dans votre verre », il a répondu : « Si j'étais votre mari, je le boirais. »

ON NE PEUT PAS PLAIRE À TOUT LE MONDE

Cale ça dans un coin de ta tête. Moi, ça m'a pris du temps.

Premier décembre 1998. Je suis sur scène, pour le lancement de ma nouvelle boîte. Je suis fou de joie. Au meilleur moment de ma présentation, je sens que quelque chose de bizarre est en train de m'arriver et, une seconde plus tard, ma voix a disparu.

Tu sais, c'est comme quand il y a une coupure générale d'électricité. Tout fonctionne et puis plus rien. Le noir. J'ouvre et je ferme la bouche en vain, seul un peu d'air s'en échappe. Comme ça, tout à coup. L'électricité, dans le pire des cas, elle revient en quelques heures. Moi, mon black-out a duré six mois. Six longs mois sans pouvoir prononcer le moindre mot. Je ne pouvais que murmurer. Personne ne m'entendait. Je ne m'entendais pas moi-même. J'ai bien failli tourner chèvre.

Aphonie nerveuse. Les examens ont montré que mes cordes vocales étaient en pleine forme. Le problème venait d'ailleurs, comme d'habitude : de l'âme.

Avant, j'étais l'exemple type du bon élève. Tout le monde avait quelque chose de positif à dire à mon propos. Jamais personne ne disait de mal de moi. Jusqu'à ce que ça arrive.

Quelques mois avant cette extinction de voix, j'ai été accusé de quelque chose de très grave, selon mes critères. Et je n'ai pas su prouver que ces reproches étaient infondés. Un jour, j'ai réussi à pester, j'ai juré un bon coup, j'ai laissé exploser ma colère et j'ai cru que c'était une affaire réglée. Mais cette histoire me rongeait. J'étais tellement contrarié qu'un ami médecin m'a dit plus tard que, si j'avais été plus âgé et que ma santé n'avait pas été aussi bonne, j'en aurais fait un infarctus.

Quoi qu'il en soit, c'est difficile de dire non. De ne pas faire plaisir aux autres. Dès l'enfance, nous courons après cette satanée acceptation, après ce sourire à la douceur du miel. On nous a appris à être de bons petits. À terminer notre assiette, à obéir, à ne pas faire d'histoires. En deux mots, à jouer la comédie. Quand tu trembles à l'idée de dire non, c'est parce qu'en toi, dans les coulisses, un môme de cinq ans est en train de piquer une crise de panique, de donner des coups de pied à tout va. Il a peur d'être rejeté. Il veut que tout le monde soit content et souriant. Et alors, il faut voir comme il y va, il s'agite, fait des pieds et des mains et finit par trébucher.

Mais le plus important, c'est d'être au clair avec toi-même. Avec cette petite voix qui résonne en toi et qui sait toujours ce qu'il faut faire. C'est grâce à elle que tu peux dire non. Autrement, tu t'épuises avec tes coups de pied et tu t'emmêles les pinceaux. Mais tes OUI, ceux que tu te dis à toi-même, ils doivent être solides. De vrais rocs. Ils doivent être ta fondation la plus profonde, la base inébranlable sur laquelle tu construiras tout le reste. Elle doit pouvoir résister à tous les chocs, à toutes les secousses.

On ne peut pas être aimé de tout le monde.
Accepte-le, ça va changer ta vie.
Mais aime-toi plus que quiconque.
Alors seulement tu pourras aimer les autres.

J'ai entendu récemment :

« Je vais prendre soin de moi POUR TOI, il suffira que tu prennes soin de toi POUR MOI. »

Il fut un temps où l'on appelait ça de l'égoïsme.

Aujourd'hui, on parle d'estime de soi.

L'ÉROSION

Voilà comment un ami agriculteur m'a expliqué les choses. Tu creuses ta rigole d'irrigation. Au début, la terre est tendre. La première fois que l'eau passe, elle la détrempe. La deuxième fois, elle lui donne une forme. La troisième fois, elle la stabilise. À partir de là, c'est comme si tu l'avais cimentée. L'eau reconnaît le chemin et le suit sans se poser de question.

Le cerveau est constitué de milliards de neurones. À chacune de nos pensées, à chacune de nos actions, des neurones s'unissent et forment une chaîne. Un chemin. Chaque neurone peut se connecter à des milliers d'autres neurones. Mais, en général, il s'unit aux mêmes neurones, encore et encore. Ça s'appelle la routine.

On va toujours au travail par le même chemin. On se réveille toujours à la même heure. On regarde les mêmes émissions, on a les mêmes pensées, on voit les mêmes amis. On fait l'amour dans la même position. On va en vacances sur la même île. Tu parles d'une vie. Quel ennui.

Nos neurones sont comme des rigoles dans un champ. L'eau en a fait du ciment. Mais l'imagination doit circuler librement. Elle aime créer, tout bousculer sur son passage et ouvrir de nouveaux chemins. Elle veut briser ses liens. Mais on ne la laisse pas faire.

Je cours tous les matins, et mon grand plaisir, c'est d'écouter des livres audio. J'en termine un par semaine. L'autre jour, j'ai eu envie d'écouter de la musique, plutôt qu'un livre. L'album préféré de ma fille. Au début, j'avais des scrupules. Et puis je les ai dépassés et j'ai apprécié la musique. Je suis rentré chez moi avec une tout autre énergie, une autre humeur, d'autres pensées. J'étais un autre. J'avais fait sauter le ciment.

L'important n'est pas de savoir si ton ciment est bon ou non. Si tu fais du jogging, repose-toi un peu. Si tu travailles tout le temps, détends-toi. Si tu vas partout à vélo, prends ta voiture. Si tu adores les pâtes, mange du riz.

Ce que tu aimes le plus, essaie de t'en passer.
Ne serait-ce qu'une fois. Ce n'est pas
une épreuve. C'est une force.

Il y a quelques jours, j'ai partagé une belle idée avec un ami.

« Mais pourquoi je n'y ai pas pensé tout seul ? » a-t-il répondu en bougonnant.

Le ciment, peut-être…

COMBIEN ÇA COÛTE, UNE PETITE BOUTEILLE D'EAU ?

Cinquante centimes ? Tu plaisantes, au supermarché, tu payes ça vingt centimes. C'est vrai. Mais si tu étais au milieu du désert, en train de mourir de soif ? Alors tu donnerais tout pour une bouteille d'eau.

On quittait Symi. C'est une île merveilleuse. Le bateau devait nous emmener à Rhodes. La traversée dure une heure et demie.

On est sortis sur le pont. Tous les sièges étaient pris. Enfin non, en y regardant de plus près, comme toujours, on a trouvé un coin pour s'asseoir. Deux bancs séparés par une table. C'était la disposition standard, sur ce bateau. Un jeune homme était assis sur un des bancs, seul. « On peut s'asseoir ? » Il a fait oui de la tête avant de rassembler un peu ses affaires, même si on allait s'installer sur le banc d'en face.

On a échangé quelques sourires gênés et on ne s'est plus regardés. Du coin de l'œil, j'ai vu qu'il avait un deuxième sac à côté de lui. La propriétaire n'a pas tardé à se montrer. C'était sa petite amie. Elle nous a souri, elle aussi. Poliment. Nous lui avons rendu son sourire. Le tout, en silence.

Peu après, on est allés à l'arrière du bateau pour dire au revoir à cette belle île. Du regard, j'avais demandé au jeune couple de surveiller nos affaires. Ils avaient accepté, en faisant oui de la tête, dans un petit rire. Toujours sans un mot.

Le bateau a pris le large, on est retournés à notre banquette. On a continué notre numéro de pantomime. Avec quelques sourires et pas mal de timidité.

Plus tard, je suis allé chercher de l'eau. J'aime bien partager, alors j'ai aussi pris une petite bouteille pour les amoureux. Sans préméditation. Quand le steward m'a demandé combien j'en voulais, j'ai dit deux au lieu d'une. C'est sorti tout seul.

En arrivant, je leur ai donné une des bouteilles. Bien glacée. Irrésistible. Ça les a surpris. La fille m'a remercié, elle était ravie. Tout d'un coup, on avait brisé la glace. Et le silence, par la même occasion. On s'est mis à papoter. On a parlé de Symi, de nos vacances et de toutes sortes de choses. On a tous passé un bon moment.

Nous ne sommes pas devenus inséparables. Nous n'avons pas échangé nos numéros de téléphone. Nous n'avons pas partagé nos états d'âme. Ce n'était pas l'objet. Mais nous nous sommes rapprochés. Nous nous sommes sentis bien. Humains. Nous avons uni nos sourires. C'était chouette. À la fin, nous nous sommes salués chaleureusement. Avec des mots. Et de grands gestes.

Il suffit de si peu
pour rendre quelqu'un heureux…

Combien elle t'a coûté, cette bouteille ? Cinquante centimes.

Et qu'est-ce qu'elle t'a rapporté ? Un vrai trésor…

LESS IS MORE

Chaque fois que j'écris quelque chose, je me relis. Encore et encore, jusqu'à avoir supprimé le dernier mot superflu. Même retirer un « et » est une victoire. Une virgule, aussi. Quand tu veux voler plus haut, tu lâches du lest. Avant, j'essayais d'impressionner en parlant beaucoup. Je ne me rendais pas compte. J'avais l'impression que plus j'en disais, plus j'avais de valeur.

Plus tu as peur de ne pas savoir, plus tu es bavard. Plus tu en sais, moins tu as besoin de parler. C'est automatique. Quand je m'en suis aperçu, ça a été un choc.

Les plus grands orateurs parlaient peu et de manière concise. Droit au but, sans détour ni circonvolutions.

Brièveté est sœur de sagesse.

Le plus grand maître de notre ère disait simplement à ses disciples : « Suivez-moi. » Nul besoin d'en dire davantage. Le reste était en lui.

Avant, mes armoires étaient pleines de vêtements. Je n'arrivais pas à m'en séparer. Un jour, j'ai décidé de tout vider. La règle était simple, tout ce que je n'avais pas porté depuis un an, je le donnais. J'ai vidé mes armoires. La maison s'est mise à respirer. Quel repos pour l'œil. Quel soulagement pour l'âme.

En 2001, Steve Jobs a demandé à son équipe de concevoir le premier iPod de manière à ce que l'utilisateur puisse atteindre le morceau de son choix en pressant seulement deux fois un bouton. Ses collaborateurs ne pouvaient pas faire moins de trois. Jobs était catégorique. Il leur a donné plus de temps, au risque de retarder le lancement de l'appareil. Finalement, ils ont réussi. Une pression de moins, qui faisait toute la différence. C'est aussi ça qui a contribué au décollage d'Apple.

Il y a quelques années, j'étais dans ma librairie préférée. Je cherchais des livres. Une couverture a retenu mon attention. Je n'ai lu que le titre. Je n'avais pas besoin de lire le reste. L'auteur m'avait tout dit en trois mots : *Less is more.*

Tu as tout dit, l'ami.

LE SIGNAL

On était pressés. On est toujours pressés quand on va au parc d'attractions Allou Fun Park. On ne veut pas en perdre une miette. Ni les filles, ni moi. Les filles sont assises à l'arrière, avec leur copine, elles se racontent leurs petites histoires. Moi, je suis à l'avant, je conduis vite, mais sans exagération. Et c'est là qu'un voyant lumineux s'allume sur le tableau de bord. Oh non, fait chier, pas maintenant ! Je ne l'ai jamais vu s'allumer, cette petite lumière. On dirait que ça concerne les pneus et leur pression. Je fais semblant de n'avoir rien vu. Sauf que bon, je le vois. Et le dialogue intérieur commence. *Demain. Non, aujourd'hui. Demain. C'est peut-être grave. Tiens, une station-service.* La voiture tourne d'elle-même. Comme si le chef de gare avait changé l'aiguillage des voies.

Nous sommes accueillis par un type gentil comme tout. Je lui montre le voyant.

« On va s'en occuper. Quelle pression vous mettez d'habitude ?

— C'est vous qui allez me le dire. »

Lui, il savait. Finalement, un des pneus était surgonflé. C'était une roue de secours, je l'avais posée une semaine plus tôt. Il l'a soigneusement dégonflée et je lui ai donné un généreux pourboire. Avant, j'étais toujours un peu radin avec les pourboires. Plus maintenant. Avant tout parce que ça me fait plaisir, à moi. Le type sourit, tout le monde sourit et c'est reparti.

Nous avons peut-être perdu cinq minutes. Mais, le parc d'attractions, j'en ai bien mieux profité parce que j'étais convaincu d'avoir fait le nécessaire. Souvent, on ne fait pas ce qui est juste. On fait ce qui est facile. Ce qui nous arrange.

On n'a pas le goût de l'effort.
C'est pour ça qu'on n'a pas la vie
dont on rêve.

On choisit d'ignorer les signaux. Même quand un voyant s'allume. « C'est pas grave, laisse tomber. » C'est la petite phrase qui te ronge la vie. Elle l'attaque peu à peu. Comme un termite. Lentement et cruellement. Jour après jour. Tu l'entends grignoter les poutres. « Laisse tomber, j'ai la flemme. » L'appel du canapé. Et tes pneus restent dégonflés. Et le check-up passe à la trappe. Et les kilos s'accumulent. Et ton abonnement à la salle de sport expire. Et tes livres prennent la poussière. Et ta télévision ne s'arrête jamais. Et les discussions difficiles n'ont jamais leur place dans le programme. Et tu traînes, les années passent, la colère s'installe. Tu finis par faire des doigts d'honneur à ton miroir.

Au début, c'est un grelot qui sonne.

Puis une cloche.

Puis tu te prends le clocher en pleine tête. Qu'est-ce que j'ai fait de ma vie, les gars ?

Qui me l'a volée ?

C'est mon patron, à tous les coups.

Ou bien ma femme.

Regarde-toi bien en face, dans le miroir.
C'est toi.
Et il est grand temps de te la rendre, ta vie.
Et de prêter attention aux signaux.
Et de renoncer au confort.
Le confort, c'est la mort. Une mort lente et douloureuse.

OCCUPE-TOI DE TES AFFAIRES

Quand je vois la manière dont nous vivons, je me demande parfois comment nous arrivons à durer aussi longtemps. Nous ne mourons pas. Nous nous suicidons, avec succès.

Ce matin, à la mer, je laisse mes affaires sur mon bout de jetée préféré. Je dis bonjour aux habitués et je me prépare à plonger. Pas de temps à perdre. Mon oreille grappille un bout de conversation. Mon œil veut en savoir un peu plus. Je les repère. C'est du lourd.

Dans les soixante-dix ans, les cheveux blancs, maigrichonnes. Une contrariété permanente et définitive collée au visage. Elles me font penser aux deux vieux du Muppet Show. Elles psalmodient, en chœur. Je m'approche et je tends l'oreille. Je ne veux pas rater ça.

« Je vais lui dire. Dès qu'il sortira.

— Ce n'est plus possible. Il a fait la même chose hier.

— Regarde sa femme, elle ne l'a même pas remarqué. Elle s'en fiche complètement.

— S'il se noie, elle n'aura plus que ses beaux yeux pour pleurer.

— C'est toujours la même chose.

— Et lui, il joue l'adolescent.

— Je vais lui dire. Dès qu'il sortira.

— T'as bien raison.

— Tiens, le voilà, il sort. »

Je les connais, ceux qui viennent nager dans ce coin-là. J'ai compris de qui elles parlaient. Le brave garçon sort de l'eau. Il rayonne. Il est en forme, essoufflé mais heureux. Un concentré de vie. Autour de soixante-dix ans, lui aussi, mais on lui en donne soixante. Il retire son masque. Il a compris que les deux femmes l'attendaient de pied ferme.

« Comment ça va, les filles ? leur lance-t-il en souriant.

— Nous ça va. Vous par contre, ça ne va pas aller bien longtemps, monsieur Yorgos, si vous continuez comme ça », lui répond l'une d'entre elles, les sourcils froncés, le poing sur la hanche.

À partir de là, je ne me souviens plus de la conversation en détail mais j'en ai retenu la substance :

« Vous mettez votre masque et vous partez vers le large. Ce n'est pas de votre âge, ces choses-là. Vous n'êtes plus un jeune homme, monsieur Yorgos. Et s'il vous arrivait quelque chose ? Un malaise, une crampe, qu'est-ce que vous feriez ? » Et allez, elles continuent de charger la barque. Et monsieur Yorgos, ça le fait rire. Moi, je plonge.

Il y a tes affaires, celles des autres et celles de Dieu. Quand tu t'occupes des affaires des autres, qui s'occupe des tiennes ?

Personne.

Je ne sais pas s'il faut en rire ou en pleurer, mais voilà une chose qui est arrivée quand j'étais gosse : sur la plage, deux de mes petits camarades, Yorgos et Nicky. Nicky a reçu une éducation très stricte. Yorgos sort de l'eau et met un oursin sur la cuisse de sa mère, pour rire. Il le fait un peu maladroitement et quelques épines restent plantées dans la jambe de la pauvre femme. Elle crie, elle lui fait les gros yeux, elle le gronde un petit peu mais, au bout du compte, elle lui pardonne.

Nicky lui demande : « Vous n'allez pas lui donner une gifle ?

— Mais non, voyons, il ne l'a pas fait exprès.

— Je peux lui en donner une, moi ? »

Tragique.

Et pourtant, c'est exactement ce que l'on fait.

VOIR LA BEAUTÉ

C'est un de mes cousins. Je l'aime beaucoup. Un type débrouillard. Un bon chef de famille. Un homme sans défaut. Ou presque.

Nous étions en avril. Le temps était superbe. Avec ce merveilleux soleil de printemps qui commence tout juste à te réchauffer, mais qui n'est pas encore brûlant. Nous sommes allés nous promener à Kavouri. Vraiment, c'était une belle journée. Des promeneurs, des joggeurs, des maîtres avec leur chien au bout d'une laisse, des parents avec leur bébé dans une poussette. Sur la plage, des baigneurs, des joueurs, une raquette à la main. Une fête. Un moment d'harmonie. Comme sur une de ces maquettes, tu sais, avec des petits bonshommes minuscules, où tout est parfait – comme il faut. Tellement parfait que tu sais très bien que ça ne peut pas être vrai. Eh bien, ce jour-là, c'était comme ça, mais tout était réel.

La promenade a dû durer un peu plus de deux heures. Nous avons pris notre temps, nous sommes allés partout, tous les quatre. Nous avons passé un très bon moment. Enfin, trois d'entre nous. Pas le quatrième. Devinez qui ? Mon cousin. Pendant toute cette promenade, nous étions subjugués par la mer et la beauté indescriptible de l'instant. Pas lui.

Nous, nous regardions devant nous. Lui, derrière. Il regardait ceux qui avaient étendu une nappe et improvisé un pique-nique. Nous étions plongés dans l'immensité du bleu et lui dans les sandwiches de nos voisins. Il était de mauvaise humeur. Plus il était contrarié et plus il les regardait. Il remuait le couteau dans la plaie.

En photographie, on parle de mise au point. C'est ce qui fait de ta vie soit un bonheur, soit un enfer.

Le succès, c'est d'avoir ce qu'on veut.
Le bonheur, c'est de vouloir ce qu'on a.
Le vrai challenge, c'est le bonheur.

Parce que nous n'arrivons pas à faire la mise au point correctement. Nous ne réalisons pas ce que c'est d'avoir deux bras et deux jambes. Une voix pour être entendu, des oreilles pour entendre. Une démocratie, pour dire ce que nous voulons, quand nous le voulons.

Il n'y a pas de réalité objective. Tout est subjectif. Autrefois, les photographies prenaient vie dans une chambre noire. La chambre noire est en nous, la mise au point se fait en nous. C'est là qu'on ajoute de la couleur ou qu'on en retire. C'est là qu'on règle la luminosité et les contrastes. C'est aussi là qu'on détermine le net et le flou. La mise au point, c'est un muscle. Sans doute le moins entraîné et le plus important de tous. C'est de lui que dépend notre bonheur, de lui que dépend notre vie.

Il était une fois deux types qui vendaient des chaussures. Ils sont allés dans un pays où les gens marchaient pieds nus. L'un des deux est reparti immédiatement, en pensant : *Personne n'achète de chaussures ici, je m'en vais.* L'autre est resté. Il s'est dit : *Personne n'a de chaussures ici, je vais faire fortune.*

Et il a fait fortune.

15 HEURES À VERIA

Elle s'appelle Irène. Elle est professeure de littérature. Elle a l'étoffe de ceux qui prennent des décisions, qui revendiquent et obtiennent de la vie exactement ce qu'ils en attendent. Sa discrétion et sa gentillesse viennent compléter ce fabuleux cocktail humain.

Elle m'avait contacté pour me faire venir à Veria, afin que j'aie avec les instituteurs et les parents d'élèves de l'école primaire de la ville une conversation sur un nouveau cours, une nouvelle philosophie de vie pour les grands et les petits, que je préparais à l'époque et que j'espérais voir entrer dans les écoles grecques.

En pénétrant dans la cour, j'ai eu le souffle coupé. Mes souvenirs de primaire m'ont sauté à la figure. Les cartes de géographie aux murs, les petits uniformes bleu et blanc, la fontaine dans la cour, les courses-poursuites dans les couloirs, les cahiers et les manuels. Des souvenirs d'une autre vie. La seule différence, à Veria, c'était Lefteris, le directeur souriant. Le directeur que j'aurais rêvé d'avoir.

Une cinquantaine de personnes s'étaient rassemblées. Des enseignants et des parents. Il faisait déjà nuit. Ils avaient mille bonnes raisons de rester chez eux : voir leurs enfants, profiter de leur famille, se reposer, se détendre un peu. Mais non, ils avaient choisi d'être là, de poser un autre regard sur la vie. D'offrir à leurs élèves, à leurs enfants, un avenir plus heureux.

Deux heures d'unité. Deux heures d'échanges à cœur ouvert, sans la moindre réserve. Ils ont participé, posé des questions, émis des doutes, ils se sont mis en mouvement. Et ils sont repartis avec un sourire et une interrogation. « Cette autre vie pourrait-elle exister, finalement ? Cette vie magique ? Pleine de miracles ? Après tout… »

Ensuite, les organisateurs ont voulu m'inviter à dîner. De leur propre poche, avec leurs propres économies. J'ai insisté pour payer. Peine perdue. Des enseignants qui ont vu leur salaire se réduire comme peau de chagrin, d'année en année. Mais dont l'âme est intacte.

Le lendemain matin, il fallait que je reparte tôt, mais j'ai tout de même réussi à faire un saut à la bibliothèque municipale. J'avais toujours voulu la voir. Une des seules bibliothèques au monde à avoir reçu le prix de la fondation Bill & Melinda Gates. C'est le bijou de Veria. Soixante pour cent des habitants de la ville y sont inscrits. Ateliers, livres, séminaires, DVD, salle d'inspiration, représentations théâtrales, manifestations culturelles, imprimantes 3D, studio d'enregistrement… Je suis reparti complètement grisé.

Je suis rentré à Athènes au volant de ma petite voiture. Pendant tout le trajet, je n'ai pas arrêté de penser aux enseignants que j'avais rencontrés la veille. À leur vision, leur motivation, la passion qui les anime.

Hier, j'ai investi un peu de ma vie dans la leur. Et vice-versa. Jusqu'à ce que nous formions un tout. La leçon la plus précieuse, ce n'est pas celle que j'ai donnée, c'est celle que j'ai reçue.

Je suis fier de vivre dans ce pays magnifique.
Je suis fier d'être Grec.

L'ÉLECTRICIEN

Il m'avait été recommandé par un ami. Un ami en qui j'ai confiance. À chaque fois qu'il m'a envoyé un artisan, c'était la crème de la crème. L'électricien s'appelle Iannis. Et lui aussi, c'est un as. Je l'ai compris dès qu'il a mis le pied à la maison. Il pourrait passer pour un scientifique. D'ailleurs, c'est un expert. Dans son domaine.

Rapide, précis, propre. Je me suis occupé de mon travail, lui du sien. Un de ces artisans à qui tu expliques ce qu'ils ont à faire et qui le font, tout simplement.

À un moment donné, il me demande : « Ils t'ont fait un travail de sagouin… On arrange tout ça ? » Sans y faire trop attention, je lui réponds : « Oui, oui, réparons ce qu'il y a à réparer.

— Mais pour réparer, je vais devoir faire de la casse. »

Comme si je venais de me réveiller, je lui demande de répéter. « Qu'est-ce que tu as dit, Iannis ?

— Pour réparer, je dois casser. C'est pas possible autrement. »

Et je suis resté planté là, perdu dans mes pensées : *Pour réparer, je dois casser.*

C'est ce que font mes filles. Quand elles jouent aux Lego. Elles construisent des forteresses, des maisons, des écoles. Elles s'y attachent. Elles ne veulent plus les démonter. Et puis, au bout d'un moment, elles n'ont plus de briques pour en fabriquer de nouvelles. Elles râlent un peu et puis elles comprennent qu'elles vont devoir démolir l'ancien pour bâtir du neuf. Pour construire, il faut détruire.

Je le vois aussi dans la vie. Pour qu'une chose voie le jour, une autre doit mourir. Mourir pour renaître. Il n'y a pas d'exception. C'est vrai pour les gens, les relations, les amitiés, les entreprises, les bâtiments, les sentiments, tout…

On a tendance à s'accrocher au passé. Et pourtant, s'il ne s'en va pas, la nouveauté n'arrive pas. Elle n'a pas la place. Si tu ne donnes pas tes vieux vêtements, les nouveaux ne rentrent pas dans l'armoire. Si l'été ne s'en va pas, l'automne ne vient pas. Si l'esprit ne se vide pas, les idées neuves n'apparaissent pas. Mais nous n'aimons pas le changement. Nous ne voulons pas donner nos chemises. Nous ne voulons pas faire le vide dans notre esprit. Nous ne voulons pas voir partir l'été. Nous n'aimons pas le changement.

Et voilà qu'on se retrouve à traiter nos enfants de dix-huit ans comme des gosses ; à refuser d'accepter que notre moitié soit bel et bien partie ; à vivre en 2008, quand « tout allait mieux », alors que le calendrier est formel, nous sommes en 2018 ; à laisser traîner notre ancre au fond de la mer au lieu de la remonter ; à tomber malade.

Si tu te brouilles avec la réalité,
devine qui va gagner ?

Et quand tu conduis, si tu regardes dans le rétroviseur plutôt que devant toi, devine ce qui va arriver. Depuis le jour de ta naissance, il n'y a qu'une chose de sûre : tu vas mourir. Personne ne craint la mort davantage que celui qui n'a pas vécu.

Alors, mets-toi à vivre pour de bon. Pas demain, aujourd'hui…

VA VOIR COSTAS

Début d'après-midi à la banque. Je suis passé à l'accueil. Ensuite, la gentille employée m'a conduit jusqu'à la file d'attente. « Patientez un instant, Costas va vous recevoir. » Je n'ai pas protesté. Il y avait deux guichets. Costas et une autre dame. J'ai eu le temps de les observer, en attendant mon tour. J'ai vite compris pourquoi elle m'avait envoyé voir Costas.

Un jeune homme, la trentaine. Il portait une chemise mauve bien repassée. Une coupe fraîche et moderne, un peu de gel. Son corps osseux allait bien avec ses yeux. Il se tenait droit sur sa chaise, tout sourire. Rapide, efficace. Un bon mot pour chaque client. Une plaisanterie qui n'empêchait pas le travail bien fait. Son sourire ne le quittait jamais. Comme un tatouage. Sa chemise semblait crier : « La réponse est oui. Maintenant, dis-moi ce que tu veux. » Je n'ai pas cessé de l'observer. Une femme s'est avancée jusqu'au guichet, avec son petit garçon. À peu près six ans. Je me demandais si Costas allait s'adresser à lui. Ça n'a pas manqué, il lui a lancé : « Comment ça va, mon grand ? » en lui faisant un clin d'œil. Le petit bonhomme a souri et a regardé sa mère, fier comme Artaban. Il venait de prendre dix centimètres.

Derrière l'autre guichet, une jeune femme qui semblait moins jeune, même si elle avait probablement le même âge que lui. Ses petites lunettes rondes avaient quelque chose de vieillot. Son tee-shirt était un peu froissé et peut-être pas très frais. Elle était légèrement voûtée. L'air morose. Costas et elle, côte à côte, me faisaient penser à cette série de livres que je lisais à mes filles quand elles étaient petites, *Monsieur Joyeux, Madame Grincheuse*. Elle n'était ni incompétente ni désagréable. Simplement, comment dire... si tu avais été un aimant, c'est à Costas que tu serais allé te coller...

Mon tour est venu. Je lui ai donné les papiers et je lui ai expliqué la situation. Il n'a pas fallu en dire beaucoup. Il a tout de suite compris. Après une minute, il m'a tendu un document et m'a invité à le signer. Je lui ai demandé : « Ça y est, on a fini ?

— Minute, papillon ! » m'a-t-il répondu en souriant. C'était la première fois qu'il me voyait. Deux minutes plus tard, il m'a remis quelques documents supplémentaires. « Maintenant, on a fini. » Il m'a adressé un sourire encore plus lumineux avant d'accueillir le client suivant.

Costas et sa collègue touchent le même salaire. Ils travaillent pour la même banque, ont le même patron, vivent dans le même pays. Mais Costas a trouvé le moyen de se réveiller le matin et de se coucher le soir le sourire aux lèvres.

C'est un vrai plaisir de travailler avec des gens comme Costas. Mais le plus grand des plaisirs, c'est encore d'être comme Costas.

ÇA AUSSI, ÇA PASSERA

Ton meilleur ami, ce n'est pas forcément celui que tu vois tous les jours. C'est celui auquel tu te sens profondément lié, à chaque rencontre. Michalis, c'est un ami de ce genre.

Le mardi matin, pour nous, c'est sacré. On se retrouve à 6 h 45, juste avant le lever du soleil. Après cinq minutes de bavardage introductif, on se met à courir. Trente-cinq minutes, montre en main. C'est aussi de la gymnastique pour nos langues. Elles n'arrêtent pas une seconde. En cinq minutes, la « psychothérapie » a déjà bien avancé. On se réjouit de chacune de nos petites victoires, parce qu'on sait maintenant que les petites choses sont les plus importantes.

Michalis, c'est quelqu'un d'entier, entrepreneur et père de famille, et assez exigeant avec lui-même, selon moi. Aujourd'hui, le « j'ai vraiment assuré, sur ce coup » qui lui a échappé m'a fait très plaisir.

On termine traditionnellement notre course par un bain de mer. Ce matin, Michalis était pressé. Je me suis baigné tout seul.

J'ai nagé vers le large, j'ai fait demi-tour au même endroit que d'habitude et j'ai profité de la vue. Je voyais les immeubles et la côte au loin. Cela fait dix ans que je nage au même endroit et rien n'a changé, la carte postale n'a pas pris une ride. Je ne m'en lasse pas. Même si je l'ai vue d'innombrables fois. L'hiver, l'été, sous la pluie, même sous la neige.

Il y a dix ans, mon entreprise était en plein boom et je nageais pour laisser exploser ma joie. Il y a cinq ans, j'ai commencé à connaître des moments difficiles et je nageais pour me vider la tête. Il y a deux ans, la carte postale était toujours la même, mais je vivais avec un grand vide. Mon entreprise n'était plus là. Je m'en souviens comme si c'était hier.

Le temps passe vite.

Le présent ressemble souvent à une montagne insurmontable. Et certains soucis à de vrais tsunamis.

Tu crois que tu ne t'en sortiras pas. Et pourtant, après un an ou deux, tu retrouveras le sourire, peu importe la difficulté de la situation à l'époque. C'est arrivé pour une certaine raison. Ça s'est terminé pour une certaine raison. Ça t'a appris quelque chose.

Un jour, le roi demanda au sage de partager avec lui le plus précieux de ses savoirs. Il lui dit : « Je te donnerai la moitié de mon royaume, s'il le faut. »

Le sage refusa la proposition mais fit un cadeau au roi. Une bague.

« Tous les matins, mon roi, vous ouvrirez la bague et vous lirez ce qui est inscrit à l'intérieur. Ensuite, vous la remettrez à sa place. »

Le roi accepta. Le lendemain matin, fou d'impatience, il ouvrit la bague et lut ce qui y était inscrit.

« Ça aussi, ça passera. »

LA MOUCHE ET L'ABEILLE

C'était il y a plus de quinze ans, mais je n'oublierai jamais cette histoire. Je l'ai entendue lors d'un séminaire. Depuis, j'ai dû la raconter des dizaines de fois.

L'orateur a pris une grande inspiration. L'expression de son visage a changé. On aurait dit qu'il s'apprêtait à nous confier le secret de sa vie. Et c'est ce qu'il a fait. Son secret allait devenir le nôtre. Et nous le partagerions à notre tour.

« L'expérience est simple. On appuie le fond d'une bouteille vide contre la vitre d'une fenêtre par laquelle rentre la lumière du jour. On introduit une abeille dans la bouteille. L'abeille est un insecte "intelligent", nous a-t-il dit en formant des guillemets avec ses doigts. L'abeille a des règles pour tout, des règles malheureusement inflexibles. Elle sait que pour trouver la sortie, il faut se diriger vers la lumière. Elle n'a aucun doute. L'abeille va retourner vers la lumière, encore et encore. Vers le fond de la bouteille. Elle n'en sortira jamais. Elle ne tardera pas à succomber.

« Maintenant, a-t-il dit, recommençons l'expérience avec une mouche. La mouche est un insecte "idiot", elle n'a pas de règles. Elle sait qu'elle ne sait pas. Pour trouver, elle cherche. Elle va aller voir en haut, en bas, à droite, à gauche et elle finira par sortir. Elle vivra. Ne devenez jamais des abeilles. Loin de vous, les abeilles. Soyez des mouches. Toujours. Sachez que vous ne savez pas. Et cherchez, pour trouver. »

Je vois des gens enfermés dans des boîtes. De vieux coffres-forts massifs. Imprenables. Ils se sont enfermés à l'intérieur. Ils ont branché l'alarme et ne se souviennent plus du code. Et ils ont fini par oublier qu'ils étaient enfermés, le coffre est devenu leur monde. Tu leur parles, ils ne t'entendent pas. Tu leur montres la sortie, ils ne la voient pas. Ils sont devenus des abeilles.

Le problème, ce n'est pas ce que tu ne sais pas.
C'est ce que tu crois savoir.

Et plus tu crois en savoir, plus tu t'enfermes. C'est comme la bière et la mousse. Plus il y a de mousse, moins il y a de bière.

L'école ne dure pas toute la vie. L'apprentissage, si. Jusqu'à ton dernier souffle. Laisse la lumière et la chaleur de la connaissance te toucher, comme le soleil du matin. Laisse-la inonder ta vie. Les jours et les années ne doivent pas passer bêtement. Ils doivent t'élever. Ne te demande pas ce que tu peux gagner. Demande-toi ce que tu peux apprendre. Voilà une vie qui vaut d'être vécue.

« La seule chose que je sais, c'est que je ne sais rien. » Le plus grand penseur de tous les temps était une mouche.

Il savait… qu'il ne savait pas.

LE MENDIANT

La première fois que je l'ai vu s'approcher de ma voiture, j'ai discrètement évité de croiser son regard, comme on le fait souvent dans ces cas-là. Quand il a compris qu'il ne devait nourrir aucun espoir, il est passé à la voiture de derrière. J'ai jeté un coup d'œil dans le rétroviseur.

La fois suivante, je l'ai observé. Le bonnet qu'il avait sur la tête et sa barbe de trois jours lui donnaient un look de jeune homme, malgré ses soixante-dix ans ; son regard était lumineux mais il lui manquait une dent de devant et le mélange était surprenant. J'ai commencé à le trouver sympathique. Nos regards se sont croisés, il a dû sentir que je n'étais pas disposé à lui donner de l'argent et il a passé son chemin. Mais il m'a montré qu'il se souvenait de moi.

Lors de notre troisième rendez-vous, j'ai eu plus de chance. J'avais, à côté de moi, sur le siège passager, une moitié de pizza intacte, qui m'était restée de la veille au soir. Je l'avais gardée avec moi pour ce genre de situation. Quand j'ai ouvert la fenêtre, je crois bien que mon nouvel ami en a senti l'odeur. Je lui ai donné la boîte en carton fermée et tout a changé… Son regard s'est instantanément illuminé. Son sourire s'est élargi, inondant son visage et le mien. Sa barbe a poussé, est devenue fournie, encadrant son sourire. Une métamorphose, comme si une machine venait de le ramener trente ans en arrière. Et moi avec. Comme cette lueur qu'on voit dans les films quand il arrive quelque chose de magique, sauf que cette fois-là, il n'y avait pas d'effets spéciaux. La lueur a traversé mon bras, mon corps, mon âme tout entière.

Quand nous nous sommes revus, ce mendiant réservé n'avait pas d'attentes particulières, ça m'a plu. Il m'a souri de loin. Gentiment, d'égal à égal. Et je me suis souvenu des bananes que j'avais auprès de moi. Je lui ai fait signe. Il est vite venu me voir. Je lui en ai proposé une, avec amour. Il m'a adressé un de ses fameux sourires d'adolescent. Comme s'il me remerciait de commencer à faire un peu plus attention à son régime alimentaire.

Maintenant, on est devenus copains. Quand je m'approche du feu rouge de l'avenue Varis, je le cherche du regard. Quand j'ai quelque chose qui se mange, je le lui donne. Quand j'ai un peu de monnaie, c'est pour lui. Il reconnaît ma voiture et quand j'approche, lui aussi me cherche du regard, sans insister, sans être envahissant, comme il sait faire. Quand j'ouvre la fenêtre, il vient vers moi, si je ne l'ouvre pas, il se contente de me sourire. Comme dans une belle relation qui ne pèse à personne. Où chacun sait respecter les limites de l'autre.

Il y a longtemps que j'ai appris à investir dans mes relations avec des inconnus. Avec ceux que je rencontre pour la première et probablement la dernière fois de ma vie. Le passant, le marchand de journaux, le type du péage. Un sourire, un merci, un bonjour, un petit signe, ça me remplit, me réjouit, me ravive. C'est comme si tout mon être s'en retrouvait rechargé. Comme la dynamo qu'on avait sur les vélos, à l'époque.

On dit qu'on reçoit ce qu'on donne. C'est vrai. Tu dessines sur un morceau de papier et la même image s'imprime au verso, en symétrie. Exactement. Mais il faut donner parce que ça nous réjouit l'âme, pas avec une calculette dans la tête. Autrement, ton dessin ne sera jamais double face.

Le système créé par le Grand Patron produit un bilan idéal. L'actif et le passif s'équilibrent parfaitement.

Un peu comme dans certaines formules qu'on nous a apprises à l'école de commerce, où débit = crédit. À la seule différence que tu ne sais jamais quand va se terminer l'exercice comptable et que tu ne devrais même pas t'en préoccuper. Le Grand Comptable le clôture quand bon lui semble.

Si ton bilan n'est pas à l'équilibre, ne râle pas. Continue d'enrichir ton actif. Pas pour chercher l'équilibre, pour le plaisir. N'attends rien en retour. Tu recevras ce que tu dois recevoir, mais n'attends rien. Ça gâche tout.

Ce que tu recevras arrivera de là où tu ne l'attendais pas, quand tu ne t'y attendras pas.

Aucun doute sur la question.

POURQUOI ?

C'est arrivé il y a une dizaine de jours. À 8 heures du matin, j'étais déjà devant la banque, dans la file d'attente. Devant moi se trouvait une dame d'un certain âge, très digne, avec une canne. Bien habillée, polie. Quand les portes se sont ouvertes, nous sommes entrés. La dame était arrivée en troisième. Une autre femme, derrière moi, a eu une bonne idée : que ceux qui étaient devant la personne âgée lui cèdent leur place. Cette dernière a refusé, après l'avoir remerciée.

J'ai poliment déclaré à la femme de derrière que son idée était bonne et que nous aurions dû y penser avant.

« Vous avez raison, lui ai-je dit.

— Je sais bien que j'ai raison, mais personne ne m'écoute. »

Elle est retournée à sa place, en remuant la tête avec colère. Elle marmonnait. Dans un dessin animé, elle aurait eu un petit nuage noir au-dessus de la tête. Ça m'a un peu surpris, mais pas perturbé. Je n'ai pas répondu. D'ailleurs, elle n'avait rien contre moi.

En sortant de la banque, je me suis mis à observer les gens. C'était un lundi. Je les ai trouvés renfrognés, maussades, lugubres, comme s'il leur était tous arrivé quelque chose. La même chose. Quelque chose de terrible. Comme s'ils s'étaient concertés. Ou même synchronisés.

Un triste défilé s'offrait à moi. Ça m'a surpris mais, heureusement, ça non plus, ça ne m'a pas perturbé.

J'ai marché seul un long moment et un POURQUOI a commencé à m'envahir. Un petit pourquoi qui ne cessait de grandir avec le temps. Qui a gonflé jusqu'à m'étouffer.

Pourquoi ne dit-on plus « S'il vous plaît » ?

Pourquoi ne dit-on plus « Merci » ?

Pourquoi ne sourit-on plus ?

Pourquoi a-t-on peur d'aimer ?

Pourquoi a-t-on encore plus peur de le montrer ?

Pourquoi ne fait-on pas attention à soi ?

Pourquoi nous réservons-nous une nourriture pire que celle que nous donnons à nos animaux de compagnie ? Pourquoi ne nous accordons-nous pas le soin que nous accordons à notre voiture ? Pourquoi nous rechargeons-nous moins bien que notre téléphone, la nuit ? Pourquoi nous parlons-nous si mal ? Les pires insultes semblent parfois bien pâles devant les mots que nous nous adressons.

Pourquoi gaspillons-nous notre vie comme si elle durait un million d'années ? Elle dure un millier de mois. Faites le calcul.

Pourquoi ne parlons-nous pas de nos problèmes à ceux qui les ont provoqués plutôt qu'au reste du monde ET aux réseaux sociaux ?

Pourquoi ne nous réjouissons-nous pas de la joie des autres ?

Pourquoi est-ce toujours la faute de quelqu'un ?

Pourquoi a-t-on toujours une histoire négative à raconter ?

Bien sûr qu'il existe des exceptions. Mais pourquoi l'exception ne devient-elle pas la règle et la règle, l'exception ?

L'autre jour, je rentrais en taxi. Un peu avant d'arriver chez moi, il y a un croisement sans stop. J'ai dit au chauffeur : « Faites attention. Parfois, ici, ils roulent comme des fous. »

Il a grogné : « Parce que ça leur arrive de faire autrement ? »

Je lui ai souhaité bonne nuit.

(Pauvre type, va.)

RUE DU PARADIS

Nous sommes en vacances à Sifnos depuis une semaine, avec mes filles. Hier, après une journée bien pleine qui s'est terminée étonnamment tôt, nous avons décidé de profiter de cette soirée magique pour faire une promenade sur la plage, ici à Vathy. Premier coup de maître : j'ai laissé mon téléphone à l'hôtel pour être tout à fait présent. Deuxième coup de maître, j'ai dit aux filles d'enfiler leurs claquettes, pour qu'on puisse marcher au bord de l'eau. Troisième coup de maître, le grand final : j'ai emporté leurs vestes, parce que je sais désormais prévoir les humeurs difficiles, comme un capitaine expérimenté voit venir les tempêtes les plus inattendues.

Nous sommes descendus à la plage et nous avons commencé notre promenade. La soirée était franchement magique. Une soirée comme seule la Grèce sait t'en offrir. Un ciel étoilé, pas un nuage, pas un souffle d'air. À peine le doux clapotis des vagues. Au loin, les petites tavernes sur la plage ressemblaient à des lucioles se reflétant sur les eaux calmes de la mer. Avec les filles, nous marchions en file indienne, on aurait dit les Rois mages avec leurs cadeaux.

Parfaitement alignés, exactement là où la mer mouille le sable mais pas les pieds. Il fallait voir notre drôle de petite chorégraphie, à chaque fois qu'une vague légèrement plus grosse que les autres venait vers nous. Nous bondissions tous les trois, dans une parfaite synchronisation, vers le sable sec, pour ne pas être trempés.

Assez vite, la benjamine a eu le courage de marcher avec de l'eau jusqu'aux chevilles. Je me suis incliné devant la sagesse de la nature. Nous sommes tous si différents les uns des autres. Mon autre fille, l'esprit de la loi, ne s'est pas du tout mouillée. Sa sœur, qui est littéralement allergique aux règles, avançait toujours plus loin dans la mer et nous n'arrêtions pas de la rappeler à l'ordre.

Bref, l'une dans l'eau, l'autre au sec. Nous avons continué à marcher et nous sommes passés devant des groupes de parasols, éparpillés le long de la plage. Certains parasols avaient de la classe, du style, on aurait dit des promeneurs bien habillés qui sirotaient leur cocktail et dégustaient leur cigare dans un restaurant branché. Pantalon en lin bien repassé et main dans la poche. D'autres avaient un look plus tropical, plus rock. Comme des types plus relax, un peu *bad boy*. Anticonformistes. Ceux à qui les pantalons en lin bien repassés donnent de l'urticaire. Et pourtant, l'ensemble était parfait. Comme dans la vie. Totale harmonie. Il suffit que l'harmonie débute dans tes yeux.

On a dépassé les parasols, les petites ont commencé à fatiguer et les premières jérémiades sont arrivées. Et c'est là que la magie a surgi. L'éclairage est devenu plus discret, les étoiles ont brillé de plus en plus fort dans le ciel. Quelques petites maisons bénies des dieux dormaient, blotties à l'arrière de la plage. L'une d'entre elles, la plus petite mais la plus charmante, avait une enseigne lumineuse. Nous nous sommes approchés. C'était un numéro. Le 70. On aurait dit que c'était le numéro de la rue, comme en centre-ville. Inexplicable. Mais ça lui allait bien. Tout droit sortie d'une chanson de Manos Hadjidakis. Ou d'un décor de cinéma, oublié là. Trois petites dames étaient assises en silence sur la terrasse qui donnait sur la plage, elles profitaient de l'instant. J'ai beaucoup hésité avant de les interrompre, mais je n'ai pas pu me retenir. Je leur ai dit « Vous avez la plus belle maison du monde », et elles m'ont souri.

Nous avons poursuivi notre promenade. Un couple d'amoureux faisait un bain nocturne. Des gamins jouaient à chat au bord de l'eau. Un peu plus loin, les tout derniers groupes de touristes étrangers profitaient de leur dîner magique dans une taverne au bout de la plage. Ils admiraient la cérémonie avec respect et recueillement, comme il se doit dans un temple antique. Ils parlaient à voix basse. Nous étions tous en harmonie dans cet endroit unique.

Nous avons continué de marcher en nous racontant des histoires sous des millions d'étoiles. Ces histoires qui me transportent vers des mondes magiques depuis tout petit. À l'époque, nous retenions parfois notre souffle pour ne pas en perdre une miette. Toujours accompagnés par l'odeur enivrante de la mer et par ce même clapotis discret des vagues. Le summum du plaisir, ces quelques moutons insomniaques dont le doux bêlement résonnait au loin.

Au retour, nous nous sommes arrêtés devant les parasols les plus élégants et nous avons commandé des cocktails sans alcool pour les filles, au bar de l'hôtel. J'ai aussi pris un verre et nous nous sommes serrés tous les trois sur deux chaises longues. Nous étions comblés. Les histoires ont repris, et avec elles les plans secrets et les confidences. C'était une de ces soirées dont on voudrait qu'elles ne finissent jamais. Dont on sait qu'on ne les oubliera jamais. Notre vie pourrait s'arrêter là, on n'y trouverait rien à redire. Sans aucune exagération.

À la fin, nous sommes rentrés à l'hôtel, épuisés mais comblés. Heureux. Nous avons lu l'histoire du roi et du mage puis nous nous sommes endormis tous les trois. Presque en même temps.

Une soirée idéale,
tout droit sortie d'un rêve.

Ou de cette petite maison magique.
Le 70, rue du Paradis.

ÉTEINS LA TÉLÉVISION

J'ai toujours eu de la chance. En 2001, j'ai emménagé dans un bel appartement au sud d'Athènes. Vue sur la mer. Silencieux. Exactement le lieu dont j'avais besoin pour renaître et trouver l'inspiration.

Mon abonnement TV avait expiré et je devais le renouveler. Mais une petite voix à l'intérieur me disait de ne pas le faire. Je l'ai écoutée.

Pour la première fois de ma vie, j'étais seul, sans télévision. Sans ce colocataire envahissant qui squatte ta vie sans te demander ton avis.

Pour la première fois de ma vie, je me suis séparé de ma télécommande. C'était la première chose que j'attrapais le matin en me levant et la dernière que je posais le soir en me couchant. Mon esprit s'est apaisé. J'ai trouvé les solutions que je cherchais. Elles étaient toutes en moi. Elles étaient là, depuis le début, elles frappaient à ma porte. Mais comment aurais-je pu les entendre, au milieu de ce tumulte ?

Tout à coup, je me suis rappelé ce que temps « libre » voulait dire. Pour la première fois depuis l'école primaire. Tout le monde se plaint de ne pas avoir le temps. Ce n'est pas vrai. Comment veux-tu avoir le temps si tu te débarrasses systématiquement du peu qu'il te reste en fin de journée ?

En rentrant à la maison, je n'avais plus cette solution facile. Je sortais me promener. Je téléphonais à de vieux copains. Je passais un moment avec mes pensées, avec du papier et un crayon, ou à mains nues. J'étais de nouveau acteur de ma vie.

Le Grec passe en moyenne quatre heures par jour devant sa télé. Le pire, c'est qu'il croit que c'est gratuit. Mais l'insatiable petit écran te coûte des millions. Il te coûte tes rêves, tes projets, ton inspiration, ta vie tout entière. Un jour, tu te réveilles, tu as quatre-vingts ans et tu te demandes où ont bien pu passer toutes ces années. Tu les as sacrifiées et tu ne t'en es pas rendu compte. Et maintenant, tu les cherches. Mais « aucune réclamation ne sera acceptée après avoir quitté la caisse ».

Depuis le jour où j'ai renoncé à la télévision, j'ai gagné plus de dix mille heures. Si je les convertis en jours de travail, j'en suis à plus de mille cinq cents, soit six années complètes. Six années en or massif.

Si mon calcul te semble excessif, tu peux le revoir à la baisse. Disons que tu réduis le temps passé devant la télévision d'une seule petite heure par jour. En un an, tu gagnes trois cent soixante-cinq heures, soit neuf semaines de travail. Quand les autres ont droit à douze mois dans l'année, toi tu en as quatorze. Deux mois en cadeau pour toi et tes rêves.

C'est vers le début des années 1980 que la télévision en couleur est arrivée en Grèce.

À l'époque, sur le mur d'un immeuble du quartier de Kallithea, j'avais lu un slogan que je n'oublierai jamais.

Télévision en couleurs
Vie en noir et blanc

En plein dans le mille…

QUI ES-TU ?

C'est une histoire touchante et c'est une histoire vraie. Ça s'est passé dans l'État du Tennessee. Ben n'a jamais connu son père. À l'époque, on appelait ça un bâtard. Il est né en 1870 et, en ce temps-là, c'était presque un péché mortel. La société était impitoyable. Lorsqu'il a eu trois ans, tout le monde a commencé à lui demander qui était son père. La honte lui faisait baisser la tête. Les autres enfants ne jouaient pas avec lui. Leurs mères les éloignaient de lui, comme d'un lépreux. Ben grandissait et les choses empiraient. À l'école, c'était l'enfer. Pendant les récréations, il jouait seul et n'avait personne avec qui partager son goûter. Mais le pire, c'était le week-end. Quand il accompagnait sa mère chez l'épicier, les grands et les petits semblaient tous être de mèche et lui posaient sans cesse la même question, tous en chœur : « Mais c'est qui ton père, à la fin ? » Et Ben gardait la tête basse, toujours plus basse.

Quand il allait à l'église, il entrait le dernier et sortait le premier, pour éviter les questions. Il marchait toujours la tête basse. Il avait l'impression d'être un moins que rien. Parfois, il aurait voulu n'être jamais venu au monde. Ben avait douze ans quand un nouvel aumônier a rejoint la paroisse. Un bel homme. Tendre et éclairé. Moderne et ouvert. Un homme de Dieu. Un jour, la messe fut un peu plus brève qu'à l'accoutumée et Ben n'eut pas le temps de sortir. L'aumônier se trouvait à ses côtés. Il lui passa un bras autour des épaules et, à la grande surprise de Ben et de tous les autres, il lui demanda à voix haute : « Bon alors, de qui es-tu le fils, Ben ? » Personne ne parla. On aurait entendu une mouche voler. Ben était au bord des larmes. « Mais attends ! lui dit l'aumônier avec enthousiasme, je sais qui est ton père ! C'est Dieu ! C'est pour ça que tu es tellement béni ! Ton héritage est immense, mon enfant. Va et fais de grandes choses ! »

Le garçon sourit, heureux. Ses yeux débordaient de joie. Pour la première fois de sa vie, il était quelqu'un. Plus personne ne l'interrogeait sur l'identité de son père. Pour la toute première fois, Ben était fier de ce qu'il était. Très fier. Et effectivement, il fit de grandes choses. Il devint gouverneur du Tennessee et fut même réélu à son poste. Il était destiné à rester dans l'histoire comme l'un des gouverneurs les plus populaires des États-Unis.

Ben avait tout bonnement changé d'identité. Il n'était plus un pauvre bâtard. En l'espace d'un instant, il était devenu le fils de Dieu. Il était devenu celui qu'il rêvait d'être. Il suffit d'un instant pour changer qui tu es. Il suffit, pendant un instant, de le vouloir de toutes tes forces. Un instant suffit à renaître.

Certains des plus grands de ce monde ont vécu le martyre pendant leur enfance, ils ont été maltraités, violés, élevés par des ivrognes ou des putains, et pourtant, un jour, ils ont connu ce fameux instant. Leur instant. Un jour, ils ont connu la renaissance. Ils en ont eu assez de leur vieux *moi*. Ils ont donné vie au nouveau. Puis ils l'ont élevé, avec dévouement et passion. Et ils sont devenus ce que nous savons.

Toi, qui es-tu ? Ne serais-tu pas l'histoire que tu racontes ? Celui qui n'a pas fait les études qu'il aurait voulu faire ? Celui qui n'a pas été élevé comme il aurait fallu ? Celui qui vit dans un pays en crise ? Celui qui n'aime pas son travail ? Et si c'était toi qui tuais tes rêves ? Peut-être le temps est-il venu de devenir celui que tu rêves d'être ? Et s'il était venu, pour toi aussi, le jour de la renaissance ?

Je suis avec un ami et je lui parle de mon rêve. Je lui parle de ce cours de connaissance de soi que je suis en train de créer pour les jeunes enfants et que je rêve de voir prendre vie dans toutes les écoles primaires du pays.

« Tu crois..., il me regarde un instant, dubitatif, tu crois que c'est nous qui allons changer le monde ?

— Ben oui, mon pote. C'est nous qui allons le changer. Si on ne le fait pas, qui va le faire ? »

CAHIER DES MIRACLES

Sur ce point-là, je ne peux pas être objectif. Comment pourrais-je l'être quand il s'agit de parler de mon bienfaiteur ? Cet outil m'a aidé à transformer ma vie. Ça fait plus de dix ans que je m'en sers sans interruption. On peut appeler ça un journal intime de la joie. Ou un carnet de gratitude. Comme on veut.

J'ai donc pris un beau cahier et j'ai commencé à y écrire les belles choses vécues chaque journée. Au début, je trouvais ça difficile. Quand je l'ouvrais et qu'on se retrouvait face à face, lui et moi, j'avais une drôle de sensation. Comme si j'avais rendez-vous avec une inconnue et que je ne savais pas quoi lui dire.

Petit à petit, avec le temps, je me suis ouvert. J'écrivais sur un lever de soleil. Sur une belle conversation. Pas à pas, je trouvais mon chemin.

C'est exactement comme quand tu commences le tennis. Ça vient tout doucement, il suffit de jouer tous les jours. C'est pareil. C'est un peu mieux chaque jour. Je prenais le coup de main, lentement mais sûrement. Jusqu'à ce que je commence à réaliser la quantité de merveilles que m'offrait la vie sans que je m'en aperçoive. Elles, elles étaient déjà là. C'est moi qui n'étais pas là.

Ce cahier des miracles allait en quelque sorte devenir mon appareil photo. Je ne m'en séparais jamais. Je l'avais toujours avec moi. Je prenais des photos de chaque instant et puis je les développais. Mais le plus grand des plaisirs, c'était de les ranger dans l'album. Une par une. À la fin de la journée. Magique.

Après, je l'ai fait à ma manière. Je me disais, je vais en écrire vingt. Et j'en écrivais vingt. Le fait que mes jambes me portent quand je sors de mon lit le matin. Le fait que j'ai de l'eau pour prendre une bonne douche. Qu'un lit chaud m'attende à la fin d'une longue journée. C'est comme ça que ma vie a changé. Ou plutôt, c'est comme ça que je l'ai changée.

J'ai vu la beauté. Ou, pour être précis, j'ai été ébloui par tant de beauté.

Ma vie a continué d'être ce qu'elle était. Mais ma manière de l'appréhender a changé du tout au tout. Et ma vie elle-même a pris une tout autre dimension.

Depuis, j'ai noirci les pages d'un nombre incalculable de cahiers. Ils sont sur une étagère et je les relis de temps à autre. Et le plaisir est intact.

Certains appellent ça la joie consciente. Et ils ont raison. Au lieu d'attendre que le livreur de pizza sonne à la porte et m'apporte ma commande quand bon lui semble, je me retrousse les manches et je cuisine moi-même. Quand je veux. Avec mes petites mains. De la joie maison. La plus savoureuse.

Ce matin, je suis passé par une supérette pour acheter une petite bouteille d'eau. J'ai ouvert le frigo et les bouteilles étaient glacées, exactement ce dont on rêve en pleine canicule. J'ai payé le patron et je lui ai dit :

« Quel bonheur, cette eau fraîche ! C'est extra !

— Vous venez d'illuminer ma journée, m'a-t-il répondu en souriant.

— Et vous, la mienne. »

Il faut vite que je note ça…

WEEK-END AU MONT ATHOS

On ne peut pas dire que je sois particulièrement religieux. Mais je crois en Dieu. À ma manière.

Tous les printemps depuis quinze ans, avec quelques amis, nous allons au mont Athos pour le dimanche des Rameaux. Une sorte de tradition. Ce sont nos retrouvailles annuelles. C'est aussi une occasion de sortir du tourbillon du monde, pendant deux jours, pour prier et profiter.

Plusieurs jours avant de se rendre au monastère, il faut prendre contact avec le responsable pour réserver les dates souhaitées. Quand on arrive à Ouranopolis, on règle un faible droit de séjour pour pénétrer sur le mont Athos. Un petit bateau ou un hors-bord nous dépose au monastère. Les transferts se font à heure fixe. En arrivant, on se rend dans un espace d'accueil qui s'appelle l'*archondariki* et on s'inscrit sur le registre des visiteurs. Le supérieur et les moines nous souhaitent la bienvenue et nous offrent, en plus de leurs larges sourires, un café bien chaud et de délicieux loukoums, qui semblent encore meilleurs après un long voyage.

Ici, au mont Athos, les moines ne restent jamais sans rien faire. Ils sont en mouvement permanent, comme dans une ruche. Ils travaillent et produisent. Ils ne bavardent pas beaucoup. Ils ne râlent pas. Le monastère et les environs se développent à toute allure, d'année en année. Les habitations sont presque exclusivement bâties avec des matériaux fournis par la nature elle-même. Où qu'on aille, on voit des artisans et des moines travailler. Ils cuisinent, font du rangement, cultivent la terre, construisent. Sincèrement, ils font plaisir à voir.

Les moines respectent la nature et l'apprécient à sa juste valeur. Ils ne gâchent rien. Ce que les pèlerins ne mangent pas, ils le mangent. Et ce que les moines ne mangent pas, les animaux s'en régalent. Tous les monastères abritent des chats et des chiens qui vivent, eux aussi, dans la paix et l'harmonie. Les derniers restes alimentaires serviront d'engrais. Tout ce qui est recyclable est recyclé. Certains déchets sont brûlés dans un fourneau spécial et le volume final de leurs ordures est minime. Et on ne voit pas le moindre papier par terre.

Presque tout ce que mangent les pèlerins et les moines est le produit de la terre environnant le monastère. Les achats sont réduits au strict minimum. Les moines cultivent la terre avec un respect et un amour tout particuliers. La nourriture et le vin maison sont délicieux. L'heure du repas est sacrée et personne ne commence à manger tant que le dernier des moines ou des pèlerins n'est pas assis à la fameuse table. Un coup de maillet signale alors le début du repas. Quand on mange, on est concentré sur sa nourriture. Personne ne regarde la télévision, personne ne joue sur sa tablette ou son téléphone. On mange en conscience. On honore le Créateur. Quand la fin du repas sonne, on se lève, dans l'ordre et le respect, et on s'en va. L'higoumène, le premier parmi ses semblables, nous attend à la sortie pour nous bénir. Il est toujours le dernier à sortir.

Ici, le jeûne n'est pas respecté uniquement pendant le carême. Ici, le jeûne est un mode de vie. Cela signifie vivre et consommer avec mesure et respect, pour la nature et pour son prochain. Et surtout pour soi-même.

Ici, la Passion ne concerne pas que le Christ, mais chacun d'entre nous. Elle symbolise nos péchés, mais aussi les faux-pas de la vie, nos malheurs et nos échecs. On fait tous des erreurs et on a tous le droit d'en faire. Nos erreurs forgent notre expérience. Ici, on n'en a pas honte, on ne les camoufle pas. Au contraire, on les met en lumière.

C'est pour ça qu'il existe une seconde chance. Ici, on appelle ça la confession. Au fond, il s'agit simplement de prendre conscience de ce qu'on a fait, de le reconnaître. De le faire remonter à la surface. D'être, avant tout, honnête avec soi-même. De s'en ouvrir au sage. Ici, on appelle ça un guide spirituel, il nous donne de précieux conseils, pleins de bienveillance.

Ensuite, on se relève et nous voilà debout. Solides, comme après une renaissance. On voit les choses sous un autre angle, avec plus d'optimisme, plus de force.

C'est bien connu, celui qui se relève
est plus fort que celui qui n'est jamais tombé.
Ici, on parle de résurrection.

Un jour, je suis passé par la petite boutique du monastère pour acheter des bricoles pour des amis. Alors que je m'attendais à y voir un des moines, c'est l'higoumène que j'ai découvert à la caisse. Le chef. Celui qui, de temps à autre, reçoit la visite de personnalités importantes, de Grèce et d'ailleurs. Je lui ai poliment demandé pourquoi il se trouvait à ce poste. Il a baissé les yeux et m'a répondu de la manière la plus modeste qui soit, comme si le Christ lui-même répondait : « Pour aider les pères, mon enfant, parce qu'ils ont fort à faire au monastère. »

C'est ça, pour moi, un supérieur.

Le premier parmi ses semblables.

LES ÉPIS DE MAÏS

Elle s'appelle Sophia. Elle est puéricultrice. Elle m'a contacté sur Facebook et on a convenu de se rencontrer pour discuter du cours que je suis en train de préparer pour les enfants. Le regard clair, souriante, digne, dévouée à ses élèves. On était d'accord sur tous les points, puis on a abordé la question qui fâche : au bout du compte, qu'est-ce qui détermine le cours de ta vie, toi ou la chance ?

« Finalement, dans cette école, ils ne m'ont pas embauchée après l'entretien, alors que j'avais donné le meilleur de moi-même. Tu vois, Stefanos, je n'ai pas eu de chance.

— Tu as fait ce que tu as pu, non, Sophia ?

— Oui, j'ai fait ce que j'ai pu.

— Si c'était à refaire, est-ce que tu t'y prendrais exactement de la même manière ?

— Peut-être que j'aurais choisi l'option B.

— D'accord.

— Ou l'option C.

— D'accord. Donc, en fait, si c'était à refaire, tu ferais autrement ?

— Oui, probablement… »

Fais ce que tu peux faire à l'instant T. Tu ne peux pas tout. Pas à l'instant T. Mais si tu apprends à tout donner à l'instant présent, peut-être que demain tu sauras faire autrement. Chaque jour, fais ce que tu peux faire de mieux, ce que tu sais faire de mieux à cet instant précis. Et tâche de toujours en savoir un peu plus le lendemain. Ne t'arrête jamais d'apprendre. Ose. Ta chance, au bout du compte, ne dépend que de tes connaissances et de tes actes.

C'est l'histoire de trois types à qui on a donné trois épis de maïs. Le premier a mangé le sien et a calmé sa faim. Le deuxième a semé les grains et son pied de maïs a donné dix beaux épis. Il a mangé à sa faim pendant dix jours. Le troisième a aussi semé les grains de son épi, son pied de maïs a aussi donné dix beaux épis. Mais il n'en a mangé qu'un. Il a utilisé les autres pour refaire des semis. Il a obtenu quatre-vingt-dix épis. Et de nouveau, il n'en a mangé qu'un et il en a offert un à un ami, parce qu'il connaissait la beauté du partage. Il a utilisé les quatre-vingt-huit épis restants pour faire des semis et il en a récolté huit cent quatre-vingts. Et ainsi de suite. Aujourd'hui, ce type-là possède la moitié du village et la moitié des habitants de ce village travaillent pour lui.

Au bout du bout, la vie n'est pas
ce qui t'arrive, mais ce que tu en fais.

De meilleures connaissances signifient de meilleurs choix. De meilleurs choix signifient de meilleurs résultats. De meilleurs résultats signifient une meilleure vie. C'est ça, le but.

Mais pour faire de meilleurs choix, il faut apprendre. Pour être plus précis, il ne faut jamais arrêter d'apprendre.

« Tu arrêteras d'apprendre quand tu en seras à manger les pissenlits par la racine », comme nous disait toujours mon ami Antonis.

LA PROF DE YOGA

Le mercredi matin, c'est yoga. Quand je veux quelque chose, je le planifie. Autrement, je sais que ça ne se fera pas. C'est un souci de santé qui m'a fait découvrir le yoga, et ça fait déjà vingt ans. C'est souvent comme ça. Les cadeaux les plus précieux t'arrivent couverts d'épines. Pas emballés avec du joli papier et des rubans. Et c'est pour ça qu'ils finissent souvent à la poubelle. Avec leurs épines.

L'art du yoga a plusieurs milliers d'années. Le yoga t'apaise, t'ancre, t'élève, te détend. Rien n'est laissé au hasard dans cette philosophie de vie unique.

À chaque fois, on apprend quelque chose. Aujourd'hui, il y avait un geste que ma voisine de tapis ne faisait pas correctement, comme nous avons l'habitude de le dire. J'attendais de voir comment la prof allait réagir. Ou plutôt j'attendais son absence de réaction. En plein dans le mille. Elle a choisi de ne pas intervenir. Pour que ma voisine se corrige d'elle-même. Et elle a corrigé sa posture. À la fin du cours, on en a parlé. On discute toujours à ce moment-là. C'est à cet instant que commence le vrai cours. Elle nous a dit que le fait de corriger quelqu'un n'était pas une méthode appropriée. Elle a sagement évité le mot « erreur ». J'ai lu quelque part que le mot « erreur » était une erreur. Toute forme de correction ou d'intervention dans la vie de l'autre, a-t-elle conclu, contient de la violence. Surtout quand elle n'a pas été demandée.

Bien souvent, nous nous mêlons de la vie des autres, de nos enfants, de nos compagnons, de nos collaborateurs. Nous avons un avis sur tout. Sans avoir toutes les données. Nous émettons des jugements, nous proposons des solutions qui ne nous ont pas été demandées. Comme si le primeur voulait coûte que coûte nous fourguer un kilo de patates à chaque fois que nous passons devant son étal. Un sac de patates qu'on payerait le prix fort, évidemment.

Chacun a son propre chemin de vie,
ses propres valeurs, ses propres priorités,
sa propre trajectoire.
Sa propre vie, en somme.

L'autre écrit en anglais et, nous, nous le corrigeons en français...

Ça m'est arrivé il y a quelques années. Phénoménal.

Un soir, je suis dans un taxi pour l'aéroport. Je suis joyeux, je vis l'un des instants les plus détendus de ma vie. Je suis assis à l'arrière, les yeux fermés, et je profite de chacune de mes respirations. Le chauffeur, discret, ne m'interrompt pas. Mais en arrivant à l'aéroport, il ne résiste pas à l'envie de me parler : « Mon pauvre, je vous ai vu dans le rétroviseur, vous avez soufflé et soupiré pendant tout le trajet. Vous devez avoir un sacré paquet d'emmerdes sur le dos, vous aussi... »

Je te souhaite le meilleur, l'ami, où que tu sois aujourd'hui...

COMBIEN ÇA VAUT, UN BILLET DE CINQUANTE ?

J'avais envie de faire imprimer des cartes de visite pour mes filles. Qui ont six et neuf ans. Pour qu'elles les distribuent à leurs amies. Et pour qu'elles comprennent ce qu'on appelle l'identité. Ce que c'est que l'auto-définition. Ce que c'est qu'un but. L'une d'elles voulait écrire « Gymnaste - Athlète » et l'autre « Gymnaste - Exploratrice ». L'une la voulait noire et l'autre vert amande. Leurs couleurs préférées. On a fait à peu près comme elles ont voulu.

À un moment donné, la dame de l'imprimerie m'a téléphoné pour me dire que les cartes étaient prêtes. Je suis allé les chercher. Magnifiques. Exactement ce qu'elles avaient imaginé.

L'heure de passer à la caisse est arrivée. Elle m'a dit que j'avais payé une avance de cent euros. Je me souvenais d'avoir déposé cinquante euros. Au début, je me suis dit que c'était le moment de me taire. Cinquante euros, c'est cinquante euros. Et puis j'ai changé d'avis. J'ai trop travaillé sur moi-même pour me salir pour un billet de cinquante euros. J'ai insisté. « Je vous ai donné cinquante euros, pas cent. » Elle a vérifié ses papiers avant de me le confirmer. Elle n'a pas caché sa surprise et m'a remercié.

Superflus, ces cinquante euros ? Pas du tout. Mais je ne les ai pas brûlés. Je ne les ai pas gaspillés. Je les ai investis, en moi. Dans ma tirelire intérieure. Celle que personne ne voit. La plus importante de toutes. Cette tirelire, c'est ta personnalité. C'est ce que tu as de plus précieux.

Ta personnalité, c'est qui tu penses être.
Et celui que tu vas devenir marche toujours
dans les pas de celui que tu penses être.

Tu vois comme ton ombre te suit ? C'est exactement pareil. Tu ne pourras jamais aller au-delà de ta personnalité. Et il est primordial de se sentir extrêmement important. Peu importe ce que cela signifie pour toi. Même avec tout l'or du monde, tu ne peux pas acheter ce sentiment. C'est ce sentiment qui te mènera vers tes rêves les plus fous. Trajet *express*. Sans arrêts intermédiaires.

Je suis sorti de l'imprimerie fou de joie. J'étais ce que je rêvais d'être. Ça n'a pas de prix.

Alors, combien ça vaut, un billet de cinquante ? Par rapport à ta valeur intérieure ? On l'a dit, il n'y a rien de plus précieux.

UN BON MOT

J'ai récemment déménagé. La jeune femme qui faisait le ménage chez moi avant ne pouvait pas continuer. J'ai demandé conseil à un ami. Il a toujours les bons contacts.

« Je vais t'envoyer la mienne, m'a-t-il dit, elle est très bien. » J'ai pris contact avec elle. On a fixé un premier rendez-vous et elle s'est mise au travail. Dès le début, elle m'a semblé responsable et précautionneuse.

J'avais du travail à faire de mon côté. Je suis parti et je l'ai laissée s'occuper de la maison. Quand je suis rentré, elle était partie. Je ne lui avais presque rien montré, elle avait tout trouvé toute seule. Les produits d'entretien, les draps, tout.

La maison était pimpante. Comme si une fée était passée par là avec sa baguette magique. J'étais très content. Avant, j'en serais resté là. Plus maintenant. J'ai appris à partager.

Je lui ai téléphoné :

« Allô, Valentina ? »

Elle ne m'a pas reconnu tout de suite.

« C'est moi, Stefanos.

— Quelque chose ne va pas ? m'a-t-elle demandé avec inquiétude.

— Non, non, tout va bien.

— Qu'est-ce qui se passe ?

— Je t'appelais juste pour te dire que tu as fait un travail formidable. La maison est étincelante », et je l'ai comparée à une fée.

Elle n'a pas répondu tout de suite. Il lui a fallu un moment.

« C'est-à-dire… vous êtes content ?

— Je ne suis pas content. Je suis aux anges. »

Elle est restée silencieuse quelques secondes. Peut-être que personne ne lui avait jamais parlé comme ça.

« Merci, a-t-elle dit, merci beaucoup. »

Son sourire irradiait jusque dans mon téléphone. Ça m'a fait un tel plaisir.

On a renouvelé le rendez-vous pour la semaine d'après.

Quand tu as quelque chose de positif à dire, un bon mot, dis-le. D'abord à toi-même et ensuite à l'autre. Il a grand besoin de l'entendre.

Plus que tu ne peux l'imaginer. Tu rends sa vie plus belle. Tu rends le monde plus beau.

Laisse-le sortir, ce *bravo*. Il sera suivi d'autres *bravos*. La joie est faite pour être partagée. Autrement, elle nous hante.

J'ai un ami, un ancien collègue, qui s'y connaît en photographie. Je lui ai montré une de mes photos.

« Dis donc, Stef, elle est chouette celle-là. »

J'étais drôlement content. Fier comme tout. J'ai eu l'impression de prendre cinq centimètres.

« Le cadrage est super. Tu aurais aussi pu couper un peu de ce côté-là.

— Merci, Nick.

— Et, encore mieux, tu aurais pu prendre le visage comme ça.

— Merci, Nick. »

Il m'a fait une ou deux remarques supplémentaires.

« Merci, Nick. »

Et pour finir, il a fait une dernière critique.

« Nick, tu te fous de moi ? ai-je dit, il n'y a rien qui va, en fait ? »

J'ai éclaté de rire. Lui aussi. Mais je l'ai écouté. Parce qu'il avait été bon envers moi.

Il m'avait fait me sentir important.

AIMER L'ARGENT

J'ai toujours eu un bon rapport à l'argent. La première fois que j'en ai gagné, j'avais cinq ans et mon père, qui était capitaine, m'avait embauché pour repeindre son bateau. Mes quarante premiers dollars, je les ai placés dans ma tirelire. Je n'oublierai jamais ce sentiment. Avoir de l'argent et savoir que c'est le fruit de notre travail.

En grandissant, j'ai toujours respecté l'argent, je l'ai toujours aimé. Et j'ai appris à mes filles à l'aimer également. Elles aussi, la première fois qu'elles en ont gagné, elles avaient cinq ans. Parfois, après l'école, je les prenais avec moi au travail. Elles dessinaient, elles tapaient des textes, elles imprimaient des documents, elles les distribuaient, elles avaient fort à faire. Et elles gagnaient un petit quelque chose. Elles ont encore le mot doux que leur avait adressé la comptabilité avec leur premier billet de cinq. Ce jour-là, elles étaient sorties du bureau toutes grandies.

Dans notre pays, il y a beaucoup de croyances négatives associées à l'argent. L'argent est sale, les gens riches sont mauvais, et ainsi de suite. Avec des préjugés de ce genre, tu n'es pas près d'en gagner. Pense à l'argent comme à un·e chéri·e. Si tu l'insultes, tu auras vite fait de te retrouver tout·e seul·e. Il·elle ira voir ailleurs et il·elle aura bien raison.

L'argent, c'est de l'énergie.
Ce n'est ni bon ni mauvais.
Ce n'est que ce que tu es toi-même.

Tu as entendu parler de la règle d'or des 10 % ? Investis 10 % de ce que tu gagnes. Cet argent-là ne doit même pas te passer entre les mains, il doit aller directement à la banque ou là où tu auras choisi de le garder. Habitue-toi à vivre avec 90 au lieu de 100. Tu vas me dire, avec 100 je ne m'en sors pas, tu crois que je vais m'en sortir avec 90 ? Mais même avec 200, tu ne t'en sortirais pas. Si tu n'investis rien, tu crames tout. Quand on a de la suite dans les idées, d'abord on investit et ensuite on dépense.

J'ai lu une autre information précieuse. Et j'ai fait le calcul moi-même parce que je n'arrivais pas à y croire. Tu mets 100 euros de côté chaque mois. Sans exception. Au bout de soixante-cinq ans, avec 6 % d'intérêts annuels, tu auras un million d'euros au chaud. Oui, oui, tu as bien lu. L'argent est plus productif qu'un lapin.

Avec l'argent, ça ne sert à rien de se plaindre. Il faut apprendre ses règles. Jouer avec lui. Jouer au Monopoly en famille. Mets tes enfants dans le coup. Avoir de l'argent, ça veut dire avoir le choix. Faire ce que l'on a choisi. Ce qui nous plaît.

Tous les ans, avant Noël, mes filles vendent des cartes de vœux artisanales et donnent une partie du bénéfice à des gens qui en ont besoin. Souvent, j'ai des amis qui râlent, parce que ce n'est pas bien de faire travailler ses enfants ou parce que les cartes sont trop chères, etc. Ça me fait sourire. Et puis je pense à mon propre cas.

Si je n'avais pas reçu ces 40 dollars quand j'avais cinq ans, si je n'avais pas gagné tout cet argent de poche ensuite en faisant des petits boulots l'été quand j'étais jeune, si je n'avais pas fait d'affaires pendant toutes les années qui viennent de passer, je ne pourrais pas me permettre d'écrire le livre que tu as entre les mains.

Si tu as des croyances idiotes à propos de l'argent, il faut t'en débarrasser… hier. Pas aujourd'hui.

LE CADEAU

Ce sont des amis. De ceux que tu rencontres par le biais de tes enfants. Au début, la relation ressemble à une petite branche. Le temps passe et elle commence à développer ses propres racines. Elle devient un arbre, parfois plus grand encore que celui qui lui a donné vie. Et voilà que les parents des amis de tes enfants sont devenus pour toi des amis de cœur.

Ça faisait longtemps qu'on ne s'était pas vus et on s'était dit que ce serait bien de réunir les enfants. Un prétexte pour se voir. Leur mère semblait anxieuse, elle a commencé à me raconter ses mésaventures professionnelles au téléphone. Je l'ai interrompue. Un bon plat, ça ne se mange pas sur le pouce. On dresse une jolie table et on déguste. Pareil pour une conversation. « Tu me raconteras tout ça de vive voix », lui ai-je dit.

Ils sont venus un dimanche. Les filles sont allées jouer et nous sommes entrés dans le vif du sujet. Mon amie est très compétente, très efficace. Je ne l'ai jamais vue au travail, mais ce n'est pas la peine. Quand les gens sont bons, ça se voit. Il y a des petits détails qui ne trompent pas. Ne serait-ce que leur manière de te regarder.

Son histoire est une longue histoire. En bref : elle travaille pour une grande entreprise, l'entreprise et son patron reconnaissent sa valeur, mais pour une raison indéterminée, un petit chef joue l'intermédiaire entre elle et le patron. D'après elle, ce type-là a une manière bien à lui de fonctionner et on ne peut pas dire qu'il soit très souple.

Ils se sont rapidement retrouvés en situation de désaccord et voilà qu'il lui propose un rôle de figurante. Elle proteste auprès du grand patron, qui lui donne raison. Ils se réunissent tous les trois et le patron réaffirme son soutien à mon amie. Le petit chef commence à tomber en disgrâce. Une présentation importante doit être préparée pour un grand client. Le petit chef se défile et la laisse faire tout le boulot. La présentation se passe à merveille.

Pendant toute la conversation, mon amie et son mari avaient l'air complètement abattus. Le travail est de plus en plus difficile, et le quotidien aussi, m'ont-ils dit.

J'avais l'impression d'avoir entendu une autre histoire et je me suis mis à rire.

« Ne me dis pas que tu ne le vois pas venir ?

— Quoi ?

— Sérieusement ? Ce type est en train de te réchauffer la place. Si j'ai bien compris, il appartiendra bientôt au passé et il te laissera le poste qu'il a créé. Ça s'appelle une promotion, ce qui va t'arriver. Parce que le nouveau client va demander que tu t'occupes personnellement de son projet. Tu crois que tu aurais toi-même préparé cette présentation si le type ne s'était pas défilé ?

— Non, a répondu mon amie, un peu perplexe.

— Tu boiras un verre à sa santé. »

Elle est restée pensive un moment. Puis elle m'a dit en souriant : « Je n'y avais jamais pensé de cette façon-là.

— Et pourtant… »

Et si la vie allait au-delà des apparences ? Et si ses cadeaux n'arrivaient pas dans une jolie boîte avec un ruban, mais entourés d'épines. La nacre t'attend à trente mètres de profondeur. Tu te fais violence pour descendre la chercher. Mais la perle qui se trouve à l'intérieur te récompense largement.

Souvent, on prend la vie à rebrousse-poil. Le courant nous pousse vers la mer et, nous, on nage vers la montagne. On se fatigue, on s'épuise, on n'en peut plus et on finit par tomber malade. Mais tout ce que nous cherchons se trouve en aval. Il n'y a qu'à sortir les rames de l'eau.

La vie n'est pas facile. Mais elle est simple.
Et si on comprend ses lois, elle devient facile.
C'est simple, non ?

EXCURSION DANS LA VIE

Mes filles et moi, nous avons quelques habitudes qui sont sacrées. Elles se sont profondément enracinées en nous quand les filles étaient encore toutes petites. Elles n'y renonceraient pour rien au monde. Le vendredi matin, par exemple, je les emmène à l'école et elles appellent ça notre excursion. Et ça a tout d'une excursion : on rigole, on se chamaille, on chante et, surtout, on est d'humeur vagabonde.

On passe par leur magasin préféré pour acheter quelques bonbons. Elles font la course, la première arrivée a gagné. Elles se débrouillent toujours pour découvrir quelque chose de nouveau. Elles trouvent toujours un prétexte pour jouer et pour rire.

Ensuite, on s'arrête devant l'église. Sur le parvis, il y a des chats et des pigeons. Elles leur distribuent un peu de nourriture, avec équité, pour que tout le monde soit content. Elles jouent avec les pigeons et caressent les chats. À chaque fois qu'elles les câlinent, elles se tournent vers moi et me lancent des regards pleins d'incrédulité et de plaisir, comme si c'était la première fois de leur vie que ça leur arrivait. Les pigeons, elles leur donnent à manger petit à petit, pour les faire voler tous ensemble à chaque fois. En formation.

Après, elles entrent dans l'église pour allumer de petits cierges. Eux aussi, elles les alignent, elles les mettent au garde à vous. On dirait qu'elles jouent aux Lego.

Parfois, elles les collent les uns aux autres pour former une seule bougie, énorme. Elles n'arrêtent jamais de sourire, même quand elles embrassent les icônes ou qu'elles ferment les yeux pour dire leur petite prière. Des sourires comme des tatouages. Du genre indélébile.

Ensuite, de nouveau, elles courent jusqu'à la voiture. Et de nouveau, les rires, les chamailleries et l'esprit du voyage. Quand on se gare devant l'école, elles veulent que je sorte le premier pour pouvoir me lancer leur cartable par la fenêtre, comme si on jouait à la balle au prisonnier. Et puis, naturellement, elles font encore la course jusqu'à leur salle de classe.

Cet été, nous sommes allés en vacances dans un hôtel avec une grande piscine. Une partie du bassin est très peu profonde et une autre beaucoup plus. Les filles avaient inventé un jeu : elles prenaient leur air le plus insouciant et faisaient mine de bavarder en marchant dans la partie la moins profonde. Tout à coup, elles se faisaient surprendre par cette pente abrupte et coulaient à pic. Elles ont dû le faire plus de cent fois. Inlassablement, avec le même plaisir.

Les enfants jouent tout le temps, quoi qu'ils fassent. Ils sourient et tout se passe bien. Ils ne sourient pas parce que tout se passe bien. Ils sourient pour que tout se passe bien. Les enfants rient en moyenne trois cents fois par jour. Nous, quinze.

On ne vieillit pas parce qu'on prend de l'âge.
On vieillit parce qu'on arrête de rire.

Les enfants profitent de la vie. Ils en ont trouvé le sens.

Ils ne se contentent pas de vivre.

Ils sont en excursion dans la vie.

Tous les jours.

Même le lundi.

LA PETITE BOUTEILLE

J'avais dû l'oublier à côté de mon lit un matin. C'était une petite bouteille en plastique avec un peu d'eau au fond. On se disait bonjour au réveil. Je ne sais pas très bien pourquoi je ne la rangeais pas à sa place. Peut-être que j'avais la flemme. Peut-être sans raison.

Un matin, j'ai décidé de m'en occuper. Toujours sans raison. J'ai donné l'eau à des fleurs et j'ai jeté la bouteille dans le bac du recyclage. Je n'oublierai jamais ce jour. Un des jours les plus réussis de ma vie, je te jure. J'avais envoyé un message puissant à mon *moi*. Le plus puissant de tous. C'est moi qui décide des choses, pas la chance. C'est moi qui tire les ficelles. Selon mon propre scénario. Cette vie est à moi. C'est moi qui la vis, et pas le contraire.

Ce qui suit est une histoire vraie. Un célèbre conférencier se trouvait devant un millier de personnes. À un moment donné, il a brandi un billet de cent dollars et a demandé : « Qui le veut ? » Dans le public, de nombreuses personnes ont levé la main. Il a reposé sa question : « Qui le veut ? » Cette fois-ci, tout le monde a levé la main. La troisième fois, un type s'est levé et l'a pris. Voilà ce qu'on appelle l'action. Quand il a demandé aux autres pourquoi ils ne s'étaient pas levés, ils avaient tous une bonne excuse. L'un d'eux a répondu qu'il était assis trop loin. Un autre a dit qu'il lui aurait fallu faire se lever son voisin. Le suivant n'avait simplement pas osé. Nous avons tous d'excellentes raisons de ne pas passer à l'action. Plus tu es brillant, plus tes justifications sont brillantes.

Agir, ça veut dire ne pas avoir peur, ne pas avoir la flemme, mais juste faire ce qu'il y a à faire. Agir, c'est se résister à soi-même, lorsque c'est nécessaire. Agir, c'est faire ce qui tombe sous le sens. Pas avec des mots. Avec des actes. Agir, c'est se taire quand il est facile de parler. Se réveiller un peu plus tôt pour organiser sa journée. Donner le meilleur de soi-même au travail, même si on ne nous paye pas aussi bien qu'on le voudrait. Agir, c'est prendre soin de soi.

Agir, c'est vivre sa vie.
Ne pas la regarder passer.

Peut-être que pour toi, agir, ça veut dire pousser enfin la porte de cette salle de gym, ou passer enfin à un proche ce coup de téléphone que tu repousses depuis des années, ou te consacrer à ce projet qui prend la poussière au fond d'un tiroir.

Peu importe ce que c'est, commence par de petites choses. De celles que les gens trouvent insignifiantes.

Si tu veux changer le monde, commence par cette petite bouteille abandonnée à côté de ton lit. Tu auras remporté la première victoire de la journée. Elle va te rendre fier et te conduire à la deuxième victoire, puis à la troisième…

Ça va t'aider à prendre conscience que les petites choses sont grandes. Si tu ne peux pas faire les petites, tu ne pourras jamais faire les grandes.

Cette bouteille d'eau, c'est mon encouragement à moi, pour une meilleure journée.

Cette petite bouteille d'eau, c'est ta vie.

PASSEZ UNE BONNE SEMAINE !

Lundi matin. Quand je n'ai pas au moins dix minutes d'avance, je stresse. Je suis au niveau du fleuve. Il y a de la circulation, surtout après le pont. Le GPS dit que je vais avoir une ou deux minutes de retard. Je sens que la pression commence à monter. Et puis il y a tous ces types qui sont là à distribuer des tracts ou à essayer de me vendre leur camelote. Je ferme la fenêtre pour être un peu tranquille.

Elle vient vers moi. Comme un petit courant d'air frais au cœur de la canicule. Je ne la vois pas encore clairement, mais je la sens s'approcher de ma voiture. Je commence à distinguer sa silhouette. Grande. Robuste. Bien plantée. Pas nécessairement belle. Pas à l'extérieur, en tout cas. C'est une jeune femme au sourire magnifique. Elle distribue des prospectus. Toutes les fenêtres s'ouvrent sur son passage.

Elle porte un jean et un haut bien repassés. Ses cheveux sont soigneusement attachés. Elle tient une pile de prospectus d'une main et les distribue de l'autre.

Mon tour est venu. Elle se penche un petit peu pour me donner un dépliant. Son sourire est encore plus beau que je ne le pensais. Chaleureux et généreux. Il se glisse dans ma voiture en même temps que le morceau de papier. Elle me le donne avec un geste plein de douceur.

Elle me sourit et garde le meilleur pour la fin : « Passez une très belle semaine ! » Je reste là, à la regarder. Ce n'est pas tant ce qu'elle a dit, mais la manière dont elle l'a dit. « Vous venez juste de l'illuminer, ma semaine, mademoiselle ! » Je ne l'ai pas dit.

On ne naît pas formidable. On le devient.

Ça ne dépend pas de ce qu'on fait, mais de comment on le fait. La réussite, ce n'est pas la destination, c'est le voyage. Si tu prends la nationale vers Corinthe, la réussite, ce n'est pas Corinthe, c'est chaque tunnel que tu passes. Ton réveil, ta douche, ton café, tes lectures, ton sourire, toi. Pas « quoi », mais « comment ».

Sois un formidable conducteur. Tiens le volant avec assurance. Avec foi. Prends soigneusement tes virages. Sans passer la ligne blanche. Mets ton clignotant quand tu changes de voie. C'est toi qui choisis ta destination. Et elle n'est pas négociable. Que tu sois médecin, enseignant ou éboueur. C'est à toi de devenir le formidable conducteur de ta vie.

À chaque minute de ta vie. Comme cette jeune fille, avec ses prospectus. Je suis prêt à parier qu'elle ne fera pas ce boulot-là bien longtemps. Cette fille-là va faire de grandes choses.

En fait, elle fait déjà de grandes choses.

LA VIE EST-ELLE RÉGIE PAR DES LOIS ?

OUI, C'EST LE CAS.

Si tu veux te raconter des histoires, c'est autre chose. Mais la vérité, c'est que s'il n'y a pas d'eau dans ta casserole, tes pâtes ne cuiront jamais. C'est comme ça, tu ne peux rien y faire.

LE BUT, C'EST LE BONHEUR.

Le bonheur vient de l'intérieur.

Si tu le partages, il se démultiplie.

C'est une vraie bénédiction de pouvoir se réjouir de la joie de l'autre.

C'EST D'ABORD EN SOI-MÊME QU'IL FAUT INVESTIR.

Si ta carafe est vide, tu ne peux offrir à boire à personne. Même si tu en meurs d'envie.

Ce que tu veux voir grandir, multiplie-le.

Ce qui ne te plaît pas, taille-le.

C'est toi le jardinier. Et qu'on ne vienne pas te raconter des salades.

PAS DE BONHEUR POUR LE RADIN.

Le succès est une chose, le bonheur en est une autre.

Partage.

Tu peux avoir tous les palais du monde, si tu es devenu pauvre à l'intérieur, c'est foutu.

TU NE PEUX PAS TROMPER TON MOI PROFOND.

Le cacher aux autres, peut-être.

Mais tu ne peux pas te cacher de lui.

Tu te réveilles avec lui, tu te couches avec lui.

L'ENFER ET LE PARADIS SONT ICI.

La vie est une fête. Elle contient les deux. L'enfer d'un côté, le paradis de l'autre. C'est un ami qui me l'a dit : « En enfer, il y a une marmite et de quoi manger. Mais les cuillers sont trop longues et on ne peut pas manger. Au paradis aussi, les cuillers sont trop longues. Mais on se nourrit les uns les autres. »

NE PAS POURSUIVRE SES RÊVES, C'EST PÉCHÉ.

Si tu t'es retrouvé là, c'est qu'il y a une raison.

Ne fais pas l'impasse.

Tu te le dois et tu le dois aux autres.

QUI FUIT L'ÉCHEC FUIT AUSSI LA RÉUSSITE.

Si tu ne prends pas de gamelle, tu ne sauras jamais faire de vélo.

Tes erreurs forgent ton expérience.

LE TRAVAIL PAYE.

Il faut des milliers d'heures pour devenir excellent.

La plupart des gens abandonnent après une dizaine d'heures.

Ceux qui ont ce que tu veux avoir n'ont pas de pistons.

Ils se bougent les fesses.

Toi aussi, bouge-toi.

LE DESTIN, ÇA N'EXISTE PAS.

Le destin, c'est tout ce que tu n'as pas fait pour obtenir ce que tu voulais. C'est tout ce que tu as confié au hasard.

Ton destin, c'est ta meilleure excuse.

Ça suffit, maintenant.

CE QUI NE SE DÉVELOPPE PAS S'ÉTEINT.

C'est comme ça que ça fonctionne, l'univers – que ça te plaise ou non. Un vélo, soit il roule, soit il tombe. Un vélo à l'arrêt, ça n'existe pas. Sauf avec une béquille.

Et si tu le laisses de côté trop longtemps, il rouille.

TA FOI, C'EST TES RACINES.

C'est toi qui choisis en quoi tu veux croire.

En Dieu, en Jésus-Christ, en Mahomet, en Bouddha, en toi. Crois en ce que tu veux, mais crois en quelque chose.

Sinon, le premier coup de vent va te déraciner.

CE QUE TU PENSES N'EST PAS LA RÈGLE.

Ça l'est pour toi, et pour toi seulement.

C'est ça le problème.

Il faut les laisser changer, tes lois.

Après tout, même la Terre tourne.

LE MOUVEMENT, C'EST LA VIE.

Marche, cours, nage, danse. Fais ce que tu veux.

Mais bouge.

Il n'y a pas de vie sans mouvement.

TA VIE, C'EST TA RELATION AVEC TOI-MÊME.

Ce toi que tu trimballes toujours à l'intérieur.

Si ton être intérieur est malheureux, tu seras malheureux où que tu sois.

Même au paradis.

AVOIR DE L'ARGENT, C'EST FAIRE DES CHOIX.

Si tu es toxique, ton argent va faire des dégâts. Si tu es bon, il va faire des merveilles.

Ce n'est pas l'argent, le souci.

Ne pas avoir d'argent n'est pas un problème. Ne pas avoir d'idées, si.

LA VIE NE TE DOIT RIEN.

La vie n'est pas juste. Ou plutôt, si, elle l'est.

Elle te donne ce que tu revendiques. Ce que tu gagnes. Ce que tu conquiers.

Pas ce que tu te contentes d'espérer.

LE PLUS GRAND RISQUE, C'EST DE NE PAS PRENDRE DE RISQUES.

Si tu ne prends pas de risques, tu es foutu.

Tu es déjà mort et personne ne te l'a dit.

Un sage nous l'a dit : « Certains meurent à vingt-cinq ans et on les enterre à quatre-vingt-dix. »

C'est ce qu'il voulait dire.

TU N'AS DE POUVOIR QUE SUR TOI-MÊME.

N'essaie pas de changer les autres. Même pas tes enfants.

C'est de la violence.

Il n'existe qu'une manière de les faire changer : en changeant toi-même.

COMME ON FAIT SON LIT, ON SE COUCHE.

Tu récoltes ce que tu sèmes.

Si tu n'es pas content de ce que tu récoltes, change ce que tu sèmes.

Tu ne peux pas semer des tomates et récolter des concombres.

L'HOMME N'EST PAS UN ARBRE.

Il bouge.

On en parle sur les réseaux sociaux mais on ne le fait pas.

Il suffit d'un instant pour tout changer. Il suffit de le vouloir.

Et de travailler.

LA VIE N'EST PAS LÀ POUR TOUJOURS.

Elle dure mille mois.

Ne la gaspille pas.

TU AS DEUX OREILLES ET UNE BOUCHE.

Ce n'est pas un hasard.

TES ENFANTS NE T'APPARTIENNENT PAS.

Ils n'appartiennent qu'à eux-mêmes.

Comprends-le aussi tôt que possible, ça sauvera ta vie et la leur.

QUI SÈME LE VENT RÉCOLTE LA TEMPÊTE.

C'est toi que ta colère va tuer. Pas l'autre.

« Avant de commencer à te venger, creuse deux tombes. » Confucius

LA JOIE, ÇA NE SE GARDE PAS POUR LE LENDEMAIN.

Ça se perd en un rien de temps.

Il faut en préparer de la fraîche tous les jours.

TU ES L'HISTOIRE QUE TU RACONTES.

Change-la et tu changeras ta vie.

Si tu n'aimes pas la vie que tu mènes, écris une nouvelle histoire.

C'est toi qui as le papier. C'est toi qui as le crayon.

TON DESTIN T'APPARTIENT.

Le même vent souffle pour tout le monde. L'important c'est de savoir hisser sa voile. Applique-toi.

SI TU NE DEMANDES RIEN, TU N'AURAS RIEN.

Quand tu veux quelque chose, demande-le.

Quand tu en as trop, dis-le.

TU VIS À L'EXTÉRIEUR CE QUE TU VIS À L'INTÉRIEUR.

Dedans, dehors, du pareil au même.

« Le soleil se lève et se couche dans ta tête. » Kazantzakis

PLUS TU AVANCES, MOINS TU EN SAIS.

« Je sais que je ne sais rien. »

C'est le plus grand penseur de tous les temps[1] qui nous le dit. Il doit savoir de quoi il parle.

SEUL EXISTE L'INSTANT PRÉSENT.

C'est ce que tu dois vivre.

Sois là.

Hier et demain sont des créations de ton esprit.

LA VIE N'EST PAS UNE PHOTOCOPIE.

Ne photocopie pas la vie des autres.

Crée la tienne.

ON REÇOIT CE QU'ON DONNE.

Même si ça vient d'ailleurs.

La vie a l'esprit comptable.

Toujours à l'équilibre.

LA LIBERTÉ EST UNE AFFAIRE PERSONNELLE.

Mandela était libre derrière ses barreaux.

Tandis que d'autres sont emprisonnés par tant de richesses.

1. Socrate.

C'est toi le gardien de prison, et c'est toi le libérateur.

CHAQUE GRAND VOYAGE COMMENCE PAR UN PAS.

Un voyage de mille lieues commence par un pas.

Maintenant, pas demain.

IL N'EXISTE QUE L'AMOUR.

LE BILLET DE CINQ

Mardi et jeudi sont les meilleurs jours de la semaine. Je récupère les filles à l'école et après, on fait notre vie. Quelque chose de différent à chaque fois. Une sorte de surprise. La petite termine plus tôt que la grande, alors on l'attend en inventant des jeux et devinettes avec ses copines.

Je l'avais déjà vu, mais juste comme ça, en passant. Les cheveux gris. Le regard clair. Une physionomie étrangère. Sympathique et travailleur. C'est l'homme qui fait le ménage dans les salles de classe. Exactement la personne que nous cherchions ; il est toujours prêt à donner un coup de main. Je ne lui avais jamais parlé. Je ne connaissais même pas son nom, ni lui le mien.

Je jouais au ballon avec les petites quand il m'a demandé : « Il serait pas à vous, par hasard ? »

Au début, je n'ai pas fait très attention.

« Il est à vous ?

— Pardon ?

— J'ai trouvé un billet de cinq. Il serait pas à vous ? »

J'ai répondu « non », un peu mécaniquement.

On a continué de jouer à la balle. Ensuite, j'ai réalisé. Je lui ai reposé la question. Il m'a dit : « Je l'ai laissé dans la grande salle. »

J'en ai discuté avec les filles. J'ai essayé de leur expliquer la grandeur de cet homme. Clairement, il ne roule pas sur l'or. Il avait mille bonnes raisons de glisser le billet dans sa poche. Personne ne l'aurait jamais su. Et pourtant, il a choisi de ne pas le garder.

Il l'a fait pour lui-même. Pour pouvoir dormir tranquille. Pour être au clair avec sa conscience. Pour pouvoir regarder ses enfants dans les yeux. Je suis allé le voir.

« Comment vous vous appelez ?

— Spyros, m'a-t-il simplement répondu.

— Bravo, Spyros !

— Pourquoi ? m'a-t-il demandé, un peu perplexe.

— Pour ce que vous avez fait !

— Qu'est-ce que j'ai fait ?

— Vous avez décidé de ne pas garder le billet.

— Mais, il n'était pas à moi », a-t-il terminé avec l'air toujours aussi perplexe.

Voilà un héros.

C'est des gens comme lui qui doivent
nous transmettre des valeurs,
à nous et à nos enfants.

C'est important, ce qu'on a à l'intérieur de soi. Sacrément important.

LA SCIE

Je l'ai connu quand j'étais en CM2. Il allait devenir mon premier mentor. Un philologue. Il habitait du côté de Pasalimani. Chez lui, on ne voyait pas les murs. Il y avait des livres partout et pas un centimètre de libre. Un nombre incalculable de livres. Comme une tapisserie. La plus précieuse des tapisseries. La maison tout entière sentait le livre. Les livres ont une odeur très particulière. Magique. Comme le bois. Une bûche toute seule, ça brûle vite. Mais si elles sont plusieurs, le feu brûle longtemps. C'est pareil pour les livres. Pour qu'ils dégagent leur odeur, il en faut toute une cargaison. J'ai retrouvé cette odeur récemment dans le bureau d'un ami agent littéraire. Il avait des milliers de livres. Je n'avais pas senti cette odeur depuis tout ce temps. Ça m'a ému.

Et donc, ce professeur de lettres allait changer ma vie. Il m'a donné des cours particuliers, du primaire à la terminale. Des cours de rédaction. Mais c'était surtout des cours de vie. Tous les ans, il me suggérait une dizaine de livres merveilleux. Les après-midi d'été, à l'abri derrière les volets et le jasmin, mon âme fleurissait. J'avais toujours un livre à la main. Comme s'il avait été ruisselant de miel, je m'en délectais. Après le déjeuner, je me plongeais dans sa magie. Et je n'en sortais plus. Seuls les cris de mes amis, qui se réunissaient en fin d'après-midi pour jouer au foot dans un champ, parvenaient à me faire atterrir. Pour un moment seulement. Jusqu'au lendemain midi.

En grandissant, je n'ai jamais cessé de plonger dans la magie des livres. Ils allaient devenir la nourriture de mon âme. J'ai appris à la nourrir chaque jour. Ne serait-ce qu'un petit peu. Aujourd'hui encore, je préfère rester l'estomac vide plutôt que de priver mon âme de nourriture. Les livres ne sont plus seulement des objets de papier. Ils sont aussi électroniques, on peut également les écouter. Mais la magie reste intacte.

Quand tu termines un livre, tu n'es plus celui que tu étais en le commençant.

Tu es plus grand. Tu es meilleur. Plus sage. Le livre te fait voyager, il t'élève, il t'envoûte. Il t'apprend à apprendre jusqu'au dernier jour de ta vie. Comme si tu étais un petit nouveau.

Avoir plus de connaissances, ça veut dire faire de meilleurs choix. De meilleurs choix, ça veut dire de meilleurs résultats. De meilleurs résultats, ça veut dire une meilleure vie. C'est aussi simple que ça.

Être lettré et ne pas lire, ça ne t'emmène pas plus loin que d'être analphabète. Malheureusement, beaucoup de gens ne lisent pas. Quelque part, en cours de route, ils arrêtent de se développer. Ils arrêtent d'apprendre.

Ils courent, ils s'angoissent, ils perdent la tête. Tu leur dis : « Pose-toi un peu. Réfléchis. Prends les choses autrement. Lis. Informe-toi. Essaie. Avance. » Ils te répondent qu'ils n'ont pas le temps (mais pour la télévision, ils trouvent le temps).

C'est l'histoire d'un exploitant forestier et d'un ami à lui.

L'exploitant est là, à essayer de couper un arbre avec une scie.

Il essaie, encore et encore, il s'acharne. Mais la scie ne veut rien savoir. La lame s'est émoussée. Mais lui, il s'acharne.

« Mon gars, lui dit son ami, elle ne coupe rien du tout ta scie. Il faut la faire aiguiser.

— Je n'ai pas le temps ! » lui répond l'autre.

« Je n'ai pas le temps ! »

MADAME SOUSOU

Dans les beaux quartiers de Kifissia, il y a quelques années déjà. Dans un petit resto sympa. Je suis arrivé avec quinze minutes d'avance. J'ai l'habitude. Je m'assieds et j'observe.

Une dame est assise à la table d'à côté. Une cinquantaine d'années. Un rien snob. Une sorte de Madame Sousou[1]. Des marques de luxe de la tête aux pieds. À vue de nez, je dirais qu'elle avait un petit million sur le dos. C'était encore l'époque des drachmes. Une de ces femmes qui te ruinent l'humeur, en un clin d'œil. Qui ne pensent qu'à leur pomme. Et à leur maison. Et à leurs gosses. Allez, et à leur voiture. Point final. Rien que de la voir, je suis de mauvais poil.

Un vieux monsieur entre, il vend des tickets de tombola. Il doit avoir près de quatre-vingts ans, sans exagérer. Grand, mince, une canne à la main et le dos voûté. Je le revois encore. Il s'approche de la table de la dame. Je sais déjà ce qu'il va se passer. Elle va le snober, je le sens venir. Mais je veux le voir. Je les regarde du coin de l'œil.

1. Madame Sousou est le personnage culte d'un roman éponyme de D. Psathas publié à la fin des années 1940. Immense succès populaire, l'histoire fut adaptée au théâtre, au cinéma et à la télévision à de nombreuses reprises. Vivant dans un quartier populaire d'Athènes, Madame Sousou est une femme fantasque, convaincue d'appartenir à l'aristocratie. Elle met tout en œuvre pour être reconnue à sa juste valeur.

La dame se lève d'un bond et le salue. Elle lui offre une chaise. Elle le tire par le bras pour l'aider à s'installer. Le vendeur de tickets n'arrive pas à y croire. Et moi non plus. Il s'assied. Elle lui propose un verre d'eau. Le vieillard le boit et la remercie. Ensuite, elle lui donne le menu pour qu'il choisisse quelque chose. Il la remercie de nouveau mais refuse. Il n'en croit toujours pas ses yeux. Il reste assis à sa table un moment, pour se reposer. Ils échangent quelques mots, mais je ne les entends pas. Et puis je le vois lui donner des tickets de tombola. Beaucoup de tickets. Un par un, toute une série. La femme a dû lui acheter la moitié de son stock.

À la fin, ils se lèvent tous les deux. « Madame Sousou » l'accompagne sur quelques mètres. Le vieux a le sourire jusqu'aux oreilles. En partant, il secoue la tête de joie. Mais c'est peut-être elle la plus heureuse des deux. Son visage et son petit tailleur hors de prix respirent la joie.

Je ris de moi, pour ne pas me mettre en colère. Cette fois, ce n'est plus à cette dame formidable que j'en veux, mais à moi-même. J'ai néanmoins reçu une leçon bouleversante.

Ne juge pas. Apprends.

Ces deux verbes-là ne font pas bon ménage.
Comme le diable et l'encens.

TIRER LA CHASSE

C'est ma cantine préférée. J'y vais depuis des années et je ne sais toujours pas si j'y vais pour la nourriture, pour l'ambiance ou pour la paix intérieure que je trouve quand je suis là-bas. Un peu tout ça à la fois. Ce qui est certain, c'est que j'aime manger à côté d'inconnus et me sentir profondément lié à eux à la fin du repas.

J'y vais souvent en tête à tête avec moi-même, je m'invite à déjeuner. La nourriture est toujours bonne et bon marché. Je décide généralement sur place ce que je vais manger. Et où je vais m'asseoir. En fonction de mon humeur et de ce qu'il y a à observer.

Aujourd'hui, j'ai demandé des légumes farcis qui avaient envie d'être accompagnés d'un peu de feta. J'ai dit oui pour leur faire plaisir. J'ai savouré tout ça très lentement. J'observais ce qui se passait autour de moi, j'étais tranquille. Je prêtais aussi attention à ce qui se passait en moi et j'étais heureux.

À la fin du repas, je suis allé aux toilettes. La porte était entrouverte. Il y avait quelqu'un à l'intérieur. Je n'ai pas eu à attendre très longtemps. Un grand type avec un bouc est sorti. Il m'a fait un sourire un peu plat, un peu embarrassé, comme il est d'usage dans ce genre de circonstances. J'ai fait de même. Je suis entré dans les W-C. Il n'avait pas tiré la chasse d'eau. Je n'ai pas apprécié. Cela m'a amené à réfléchir. Je me suis demandé à quoi aurait ressemblé le reste de sa journée, peut-être même le reste de sa vie, s'il avait tiré la chasse d'eau.

Nous vivons machinalement. Nous n'avons pas conscience des conséquences de ce que nous faisons et de ce que nous ne faisons pas. Et pourtant, nous sommes ce que sont nos choix. Même les plus insignifiants.

Ta vie est ce que tu en fais lorsque tu es seul. Lorsque personne ne te voit.

Tu peux tromper tout le monde. Mais pas toi-même. Ce qui compte, c'est de se sentir vraiment bien au fond de soi. Pas seulement à la surface – là où la pierre fait des cercles sur l'eau –, mais au fond du lac. Là où elle finira par se poser. C'est de sentir que le monde que tu laisses en partant est meilleur que celui que tu as trouvé en arrivant. Mais le plus important, c'est avant tout de te sentir toi-même devenir meilleur. Ces deux choses-là vont de pair.

Tu me diras, je peux très bien vivre sans tirer la chasse d'eau. Tu as raison. La question est de savoir comment tu veux vivre. Une chose est sûre, c'est que tu arriveras quelque part. Le problème est de savoir où. Si tu veux juste te rendre sur la rive d'en face, alors tu as raison. Mais si tu veux atteindre le sommet de la montagne, cela ne suffira pas. Tu devras d'abord atteindre le sommet de ta propre montagne, celle qui se trouve en toi.

Et pour y arriver, mon cher ami, il va falloir commencer par tirer la chasse d'eau.

L'ANNIVERSAIRE

On dirait qu'on est hypnotisés. On se réveille machinalement, on conduit machinalement, on travaille machinalement, on ne pense pas, on ne sent pas, on échange trois phrases sans âme, on regarde la télé, on se change un peu les idées sur les réseaux sociaux et on se met au lit. Réveille-matin et copier-coller. Et puis il y a des jours, de temps en temps, où on a l'impression de ressusciter. De vivre. Comme si on nous accordait une trêve. Il y a notre anniversaire, nos vacances, Noël, le Nouvel An, Pâques. Parfois aussi une victoire de l'équipe nationale.

Alors on se précipite tous avec nos petits drapeaux, comme lors des manifestations politiques, dans les « rues » de Facebook. Et allez, des embouteillages, des coups de klaxon, des acclamations, des photos pleines de sourires, l'humeur est à la fête, on se souhaite le meilleur, on a de belles conversations, on fait de grandes déclarations. Comme si le chef d'orchestre avait sorti sa baguette de fête. Réjouissances, célébrations. Mais pour un jour seulement. Fragile papillon.

À minuit et une minute, chacun rentre chez soi. Comme Cendrillon. On retire ses pantoufles de vair, on retrouve ses vieilles nippes, le journal télévisé, la misère, la déprime, la mine maussade derrière le volant. Et pour un peu qu'il pleuve… Laisse tomber. C'est pire qu'un enterrement.

L'année compte trois cent soixante-cinq jours. On nous l'a appris à l'école primaire. Ce qu'on ne nous a pas appris, c'est que chacun de ces jours est un cadeau. Une fête d'anniversaire. L'anniversaire, ça se passe à l'intérieur. Dans notre cœur, pas sur un calendrier. Avant, avec les calendriers éphémérides, on trouvait un vœu au dos de chaque jour, de chaque petit papier. C'est comme ça, la vie. Chaque jour apporte son cadeau. Ouvre-le. Réjouis-toi.

Ce n'est qu'une fois arrivé au dernier jour de ta vie que tu réaliseras ce que tu as raté. La joie que tu n'as pas vécue, l'amour que tu n'as pas partagé, la gratitude que tu n'as pas ressentie, la beauté que tu n'as pas vue, le bien que tu n'as pas fait.

Ils étaient tous là. C'est toi qui étais ailleurs. Tu venais les sonner pour ton anniversaire, pour Noël, pour Pâques. Et ils te recevaient. De bon cœur, tout sourire.

Il était une fois un sage prince indien. Très sage. Il avait compris que, dans la vie, chaque jour est une fête. Mais il avait peur de l'oublier. Il avait donc chargé ses serviteurs de le lui rappeler tous les jours. Tous les matins, quand il se réveillait, il s'allongeait dans un cercueil et ils le pleuraient. À la fin de la cérémonie, il se levait et se réjouissait. Il vivait la vie. Chaque jour.

Il faut être arrivé au seuil de la mort
pour comprendre ce que signifie le mot « vie ».

Commence à vivre aujourd'hui. Et vis chaque jour.
Ton anniversaire, c'est tous les jours.

LA MAIN DE DIEU

J'étais hors de moi. Peut-être même pire que ça. J'ai commencé à écrire mon message comme si je perpétuais un massacre sur un champ de bataille. À la kalachnikov. À chaque lettre, une rafale. Le message était long, agressif, injurieux, énervé. Très énervé. Je l'ai lu plusieurs fois avant de l'envoyer. Pas pour le vérifier. Mais pour la jouissance que j'en tirais. Chaque fois davantage. Puis vint le moment de l'expédier. J'ai appuyé sur le bouton avec délectation. Comme Kim en Corée du Nord, quand il a lancé ses essais nucléaires. Plein d'orgueil et d'autosatisfaction. J'avais tout, la 4 G et du réseau, cinq barres sur cinq. Succès assuré. Mon message est parti.

Mais, pour une raison inconnue, après un court instant, un petit triangle rouge est apparu sur l'écran de mon portable. L'envoi a échoué.

J'étais prêt à appuyer sur le bouton de droite, pour recharger mon missile. Mon doigt est allé se poser sur le bouton rouge de la guerre, mais cette fois il n'a rien fait d'autre. Il y a quelques années, j'aurais appuyé sur ce bouton à l'instant même, comme un fou furieux. Mais là, quelque chose en moi m'a dit de ne pas le faire. Pour une raison inexplicable, mon message n'était pas parti. C'est comme si quelqu'un m'avait donné une seconde chance. De repenser la chose, de la reconsidérer.

Je l'ai déjà rencontré, ce petit bonhomme. Il pointe toujours son nez dans des moments particuliers de ce genre. Et il ne tombe jamais à côté de la plaque.

J'ai rapidement mesuré les conséquences que cela aurait eues. Envoyer ce message aurait été une énorme erreur.

Les mots et les pierres, si tu les lances,
tu ne peux pas les faire revenir en arrière.

Je vais essayer de trouver le type qui a dit ça et lui demander d'ajouter le SMS à la liste.

Si tu l'envoies, il ne reviendra pas. Tu peux toujours éteindre ton téléphone. Tu peux même retirer la batterie. Le missile sera parti.

Je me suis assis et j'ai réfléchi. J'ai compris à quel point il aurait été immature et catastrophique de déclencher cette guerre. J'aurais obligé l'autre à répondre. Le conflit aurait été sans fin. On aurait été totalement perdus, tous les deux. Dès le lendemain, tout effort de paix aurait été condamné d'avance.

Et j'ai dit un grand merci à cette main invisible qui était venue me protéger. Je ne sais pas d'où elle était venue. Mais je lui ai fait la promesse de l'écouter à l'avenir.

Quand j'étais enfant, ma grand-mère parlait de la main de Dieu. C'est sans doute de ça qu'elle parlait.

Ah, petite Mamie, comme tu avais raison.

NE RÉAGIS PAS, RÉPONDS

Tu joues au tennis. Ton adversaire rate son coup. La balle est dehors. Si tu la laisses sortir, tu marques le point. Mais tu continues l'échange. Tu cours jusqu'aux gradins. Tu rattrapes la balle de justesse. Tu la frappes à nouveau. Plus fort. Encore plus en dehors du terrain. L'autre joueur fait de même. La balle va toujours plus loin. L'histoire continue. Et votre délire avec.

Tu es avec ta femme. Elle te sort une connerie parce qu'elle est énervée. Comme si ça ne t'arrivait jamais. Au lieu de lâcher prise, tu cours après la balle. Et tu la renvoies. Elle fait pareil. À la fin de la partie, vous êtes tous les deux épuisés et en colère. Foutus. Aucun des deux ne veut plus entendre parler de l'autre. Ni de lui-même.

Imagine la même histoire au bureau, dans la rue, à la banque.

Dans une parabole bien connue, le Christ a dit : « Si quelqu'un te frappe sur la joue droite, tends-lui aussi l'autre. » C'est de ça qu'il parlait. À l'école, ça nous faisait marrer. On ne comprenait pas.

Tourne sept fois ta langue dans ta bouche
avant de parler, disaient les anciens.
Compte jusqu'à dix avant de répondre,
si c'est nécessaire.

J'ai lu quelque part que le mot *responsable* venait des mots *capable* et *répondre*.

L'homme répond. Les animaux réagissent.

Au tennis, il y a le temps du service et celui du retour. Il y a aussi le temps où tu laisses sortir et le temps où tu renvoies. Parfois à la volée. Parfois, après le rebond. Parfois en puissance, parfois sans forcer. Parfois près de la ligne et parfois au centre du terrain. Vient également le temps de féliciter son adversaire. Et celui de lui parler. Et puis il y a aussi le temps de lui foutre la paix.

Apprends à lancer la balle comme il faut. Comme dans la vie.

Si tu veux aller en finale.

SUPER PAPA

En montant dans l'avion, je suis passé devant sans le voir. Mon regard s'est arrêté sur lui un peu plus tard, quand il a tourné la tête pour voir ce que faisaient ses garçons, derrière lui. Il s'était penché, pour être plus proche d'eux, sa tête et le haut de son corps faisant irruption dans le couloir. Cela semblait excessif, mais c'était beau et tendre à voir.

Il semblait étranger et portait un polo classique avec un col roulé. Il faisait très américain. Il avait les cheveux poivre et sel et sur le nez de fines lunettes en écaille. Ses yeux possédaient un charme naturel. Ils étaient pleins d'amour et de chaleur. Exactement la chaleur dont ses enfants avaient besoin. Ni plus ni moins. Comme s'ils avaient été réglés à la température idéale. Son regard était doux comme une caresse. Chaque fois qu'il se posait sur eux, on aurait dit qu'il ne les regardait pas, mais qu'il les caressait. Avec bienveillance et générosité. Mais surtout avec respect.

Ce n'était pas qu'il voulait surveiller ce qu'ils faisaient ou les contrôler. Il se retournait avec intérêt et écoutait attentivement. Sans les déranger, sans envahir leur espace vital. Ils lui posaient régulièrement des questions. Comme on le ferait avec son mentor ou quelqu'un qu'on respecte beaucoup. Et il les écoutait. Avec attention. Sans les interrompre. Et répondait sans précipitation. Souvent, il n'avait pas de réponse toute faite à leur apporter et il le montrait. Il baissait alors les yeux pour réfléchir. Je l'observais aussi discrètement que possible. J'étais sous le charme de Super Papa.

À un moment donné, il s'est levé et est passé devant moi. Il sentait bon. Il avait du style, de l'allure. C'était un homme d'environ quarante ans. Il s'est dirigé vers l'arrière de l'avion après s'être d'abord penché sur ses garçons pour voir ce qu'ils faisaient. En partant, il a caressé leurs cheveux. Discrètement. Rien d'envahissant.

Puis vint l'heure de manger. Toute la famille avait commandé des menus végétariens. L'hôtesse de l'air les a apportés. Là encore, il s'est d'abord assuré que ses garçons commençaient bien à manger, après leur avoir demandé s'ils avaient besoin de quelque chose. Comme on le ferait chez soi avec un invité de marque. L'un des garçons s'est très vite aperçu que, dans l'autre menu, il était possible de choisir des spaghettis. Il a demandé à son père s'il pouvait en avoir, lui aussi. Celui-ci a discrètement transmis cette requête à l'hôtesse de l'air, avec un sourire dans les yeux. Elle a poliment répondu qu'elle allait devoir attendre la fin du service pour savoir s'il restait des spaghettis. Le père a expliqué la chose à son fils. Le garçon arrivait à peine à contenir son impatience. Lorsque l'hôtesse de l'air a atteint la rangée du fond, le Super Papa est allé discrètement lui rappeler sa demande. Il n'y en avait plus.

Il est alors revenu à sa place, s'est penché vers son fils et lui a expliqué la situation, comme on le ferait avec le client le plus important de la première classe. Il s'était penché vers lui avec amour. À la fin, il lui a fait un bisou, fermant affectueusement les yeux, tout en lui tenant la tête d'une main.

Ce n'était pas le papa classique. C'était comme s'il avait sur lui un aimant invisible qui magnétisait ses enfants. Son regard était aussi magique que son toucher. Mais même quand il ne les touchait pas ou ne les regardait pas, on aurait juré qu'il les avait revêtus d'un voile invisible et impénétrable. Dans les jeux vidéo, on appelle ça une protection. Ça rend invincible.

Je ne vois pas très fréquemment des papas de ce genre. Et je suppose que nous en sommes nous-mêmes responsables. Bien souvent, nous ne réalisons pas l'importance de notre rôle.

> Nous essayons de contraindre nos enfants
> à entrer dans notre propre monde,
> au lieu de nous abandonner à leur magie.

Souvent, nous ne les traitons pas sur un pied d'égalité, mais de façon hiérarchique, comme cela se passe à l'armée. Nous leur crions dessus et nous ne les écoutons pas. Nous sommes à côté d'eux mais nous ne sommes pas là. Perdus dans nos pensées ou dans nos écrans.

Ce n'est pas rien, d'être père. C'est ce que m'a rappelé le Super Papa ce jour-là, dans l'avion, avec son col roulé et ses yeux merveilleusement chaleureux.

QUE DIEU TE GARDE

Je l'ai aperçu du coin de l'œil en prenant un virage dans la grande côte. Il était assis sur le muret de l'usine. Un peu enveloppé, éreinté et poisseux après sa journée de travail. S'il avait été un smartphone, je crois qu'il n'aurait même pas affiché 5 % de batterie. J'étais seul dans ma voiture et j'attendais de voir s'il allait me faire signe pour que je le prenne avec moi. Quand on me fait signe, en général, je m'arrête. Mes passagers ont toujours quelque chose pour moi, une histoire, une expérience, un sourire. J'en ressors toujours grandi.

Il s'est levé à la dernière seconde. Il a rassemblé les forces qui lui restaient pour me faire signe. Je me suis arrêté. Je lui ai demandé : « Vous allez où ? » Bon, entre nous, il n'y a qu'une route qui traverse toute l'île d'Amorgos. « À Kamari. » Il monte. Le siège est à peine assez large pour lui. Il est plus enrobé que ce que je pensais. Et plus fatigué encore. Il n'a pas trop envie de bavarder. Normal, le brave type, après huit longues heures passées debout. Le bip de la ceinture de sécurité rompt le silence. Je lui dis : « Vous devez mettre votre ceinture. » Il ne répond pas. Le bip retentit de plus en plus fort. Gênant. Après trois ou quatre minutes, il s'arrête et nos pauvres petites oreilles se détendent.

« Vous êtes d'ici ?

— Oui.

— Vous vivez à Kamari ?

— Oui.

— Ça reste vivant sur l'île, en hiver ? »

Ah, là, je devrais pouvoir en tirer quelque chose.

Il m'a alors parlé des mille cinq cents habitants permanents. De l'école qui se trouve à Chora, le port d'Amorgos, et du bus qui récupère les enfants dans tous les coins de l'île. De l'usine de recyclage dans laquelle il travaille. Il m'a même lâché un ou deux sourires. *On ne peut pas dire que ce soit une de mes meilleures courses*, ai-je pensé et ça m'a fait rire intérieurement.

Offrons nos histoires aux autres.

Ouvrons la porte et laissons-les entrer. Pas seulement la porte de la voiture. Rapprochons-nous. C'est cette proximité qui fait l'humanité. Pour le plaisir de voir un sourire naître sur le visage de l'autre. Surtout si c'est un inconnu. Comme si l'univers tout entier s'ouvrait et que l'horizon se remplissait de couleurs. Et ton cœur avec lui.

Les neurosciences ont prouvé l'importance de la bonté. Ce qu'on avait l'habitude d'appeler les bonnes actions. Se préoccuper de son voisin. Ramasser une bouteille qui traîne par terre. Rendre une visite surprise à ceux qui comptent. Avoir un mot gentil pour un inconnu. Donner un coup de main à celui qui en a besoin.

Tout ça, ça te fait sécréter de la dopamine. L'hormone du bonheur. De la joie et de l'inspiration. Tu te sens bien avec toi-même. Si léger que tu pourrais t'envoler. Tu as l'impression de ne faire qu'un avec ton prochain. De ne faire qu'un avec toi-même. Ça va ensemble, vois-tu.

J'écoutais donc ce sympathique ouvrier me parler d'Amorgos. Jusqu'à ce qu'on arrive à destination. Je l'ai salué. Mais il m'avait gardé le meilleur pour la fin :

« Que Dieu te garde, mon garçon. » Il a fermé la porte et il est parti.

Je suis resté là à le regarder s'éloigner, avec sa besace sur l'épaule, jusqu'à ce qu'il ait disparu. J'avais des larmes plein les yeux.

Gratitude.

LA CANTINE

En général, le midi, j'ai très faim. Il était à peine 13 heures et ma voiture m'emmenait tout droit vers ma cantine préférée. On aurait dit qu'elle y allait toute seule, comme sur des rails. J'ai poussé la vieille porte en bois et je suis entré. Il y avait un peu de monde. Les serveurs m'ont souri. J'ai trouvé une table collée au mur, ce que je préfère. Je me suis assis et j'ai commencé à profiter des petits riens. Un quinquagénaire était installé près de la fenêtre, penché sur son assiette de soupe. Très concentré. Il s'était littéralement ratatiné, pour être encore plus près d'elle. À mi-chemin entre sexe et méditation. Il ne vivait que pour elle. Il y plongeait ses petits bouts de pain, il y plongeait sa cuiller, il s'y plongeait tout entier.

Devant moi s'était assis un homme joyeux, qui devait avoir autour de soixante-dix ans et qui portait un polo rouge, aussi juvénile que son propre visage. Avec les années, son sourire était devenu tout à fait indélébile. Un sourire vrai, qui te comble, qui remplit tout l'espace. M. Costas – j'avais voulu connaître son nom – connaissait tous les serveurs. Il avait quelque chose à dire à chacun d'eux. Et eux gravitaient autour de sa table comme des abeilles autour d'une fleur. Il a annoncé à tous les serveurs qu'il allait prendre des lentilles. Il a passé sa commande et ensuite il a continué de sourire. Comme s'il attendait, pour la toute première fois, d'être rejoint par une amoureuse.

Peu de temps après, deux amis sont entrés et se sont assis à la table de devant, comme si c'était la leur. Je suis prêt à parier que c'est toujours là qu'ils s'installent. Souriants, eux aussi, à l'idée de la bonne cuisine maison qu'on allait nous servir, à tous. À ma grande surprise, j'ai vu un serveur leur apporter deux bières avant même qu'ils aient passé commande. Ça fait sans doute partie de la cérémonie. Une sorte de loi tacite. C'est pour ça que j'aime tant cet endroit, un service cinq étoiles qui vient du cœur. Ensuite, ils ont passé commande, même si ce n'était probablement pas nécessaire.

J'avais aussi été servi. Je mangeais et je profitais du spectacle. Ils faisaient tous plaisir à voir. Le type qui faisait de la plongée libre dans sa soupe, l'éternel adolescent et son polo rouge écarlate, les deux copains avec leurs bières. Comme si je les connaissais depuis toujours.

Nos tables étaient alignées, elles occupaient tout un coin de la pièce. Un peu comme dans le jeu vidéo Pac-Man, quand les petits fantômes se regroupent, dans les niveaux difficiles. Je les regardais, je profitais, et puis ils ont fini par me voir, eux aussi. Tous, sauf le plongeur. Nous n'avons pas échangé un mot, seulement des regards. Peu nombreux, mais profonds.

Nous avons mangé ensemble, même si nous ne nous sommes jamais rencontrés. Nous étions assis ensemble, même si nous ne nous sommes jamais retrouvés à la même table. On aurait dit que chacune de nos bouchées faisait autant plaisir aux autres qu'à nous-mêmes. Le plongeur est parti le premier. Ensuite, la commande des deux amis est arrivée, accompagnée de deux nouvelles bières. Le plat de lentilles de notre éternel adolescent se creusait déjà dangereusement.

Je suis parti le deuxième. J'ai dit au revoir aux serveurs. Mes amis, je ne les ai pas salués. Intérieurement seulement. Je ne pense pas que je les reverrai. Et pourtant, cette petite bande de copains a illuminé ma journée, et toute mon âme. De ces moments qu'on n'oublie pas. J'ai tiré la vieille porte en bois et je suis sorti. J'ai jeté un dernier regard par la fenêtre, pour les revoir. Un peu plus loin, l'amant à la soupe attendait le bus. Je l'ai salué intérieurement, lui aussi, et je me suis dirigé vers ma voiture. J'étais parti pour manger seul et j'avais eu la surprise de retrouver des amis sur place.

Exactement comme la vie sait être,
quand nous sommes dans un bon jour…

LA TEMPÊTE

J'adore Vouliagméni. Surtout l'hiver. Parce qu'il n'y a personne. Et parce que le tableau a une autre couleur. On dirait que le Patron s'amuse. Chaque jour, dans Photoshop, il clique sur un bouton différent, juste pour voir ce que cela donne. Le ciel un peu plus gris, la mer un poil plus bleue, les vagues à peine plus blanches. Mais ici, il joue aussi avec les odeurs et les sons. Un réglage pour la tramontane, un autre pour le sirocco, encore un autre pour l'*ostria*.

Parfois les hommes gâchent un peu l'ensemble, mais, même ça, si on en prend son parti, on arrive à l'apprécier. Avant, j'étais comme la plupart des gens, ça me gâchait le plaisir. Maintenant, j'ai changé de camp, et j'observe. Et de temps en temps, je réfléchis.

Un dimanche en début d'après-midi, dans la rue principale de Vouliagmeni. Un petit couple vient de se garer et s'apprête à aller manger une glace. Pour se faire plaisir. Et pourtant, ils vont se gâcher le moment. Au moins au début. Sans le faire exprès. Sauf que petit à petit, à force de ne pas le faire exprès, ça devient une habitude, une addiction, et on finit par se gâcher le plaisir même quand il n'y a rien pour nous le gâcher.

Dans certains domaines, les femmes mènent la danse. Les engins à moteur, en revanche, c'est l'affaire des hommes, en général. On appellera ça comme on voudra, de la frime ou du prestige. Et donc notre ami sort de sa voiture, de mauvaise humeur, amer. « Regarde-moi comment il s'est garé, ce connard… » Sa copine a jeté un coup d'œil. Moi aussi. Nous étions tous les deux perplexes. La voiture de devant était garée de telle sorte qu'elle dépassait légèrement la ligne blanche séparant les deux places. OK, d'accord, ce n'était pas idéal, mais un dimanche de grand beau temps, j'ai vu des crimes plus terribles. Il ne gênait pas la sortie d'un garage, ni aucun véhicule. J'ai pris le temps d'identifier d'éventuelles circonstances aggravantes avant de rendre mon verdict. Mais non. Rien. C'était tout.

Il y a une chose qu'on adore foutre en l'air. On appelle ça l'humeur. Scientifiquement, on parle d'énergie. Et c'est ce que nous avons de plus important dans la vie. Plus important encore que la santé. Parce que la santé en découle. Il y a des choses sur lesquelles nous avons du pouvoir, c'est là qu'il faut tout donner. Mais on choisit souvent de tout donner pour des choses qui ne dépendent pas de nous. Avec une bonne dose de critique et de commérage. C'est là qu'on perd tout. Tu es agriculteur et ton tracteur tombe en panne contre un arbre. Et toi tu pousses l'arbre. Et allez, tu t'acharnes. Contre l'arbre.

J'ai continué mon chemin et je pensais à ce petit couple. Le type a déjà réussi à ruiner la moitié de sa journée. Et celle de sa copine. En primaire, on nous explique le principe des vases communicants. Dans le cas de cet homme, il a gaspillé son énergie. Sa réserve a pris un sacré coup. S'il avait été gardien de but, au lieu de dégager le ballon vers le centre du terrain, il l'aurait envoyé dans ses propres filets. Qui sait combien de fois par jour il se fait le coup ?

Et un jour il passera devant un miroir et il balancera à son reflet : « Tiens, prends-toi un “connard !”, toi aussi. »

Nous ne sommes pas conscients.
Et la vie nous file entre les doigts,
comme du sable.

Et on perd tout, notre vie, notre appétit, notre raison de vivre. C’est dommage. Au football, on appelle ça marquer un but contre son camp.

On dit aussi : « Comme on fait son lit, on se couche. » Un proverbe populaire le dit autrement :

Qui sème le vent, récolte la tempête.

L'ART DE LA VIE

J'avais proposé de les récupérer toutes les deux en fin d'après-midi pour aller faire un tour. Normalement, ce n'était pas mon jour, mais, avec le temps, les parents qui se sont séparés arrivent généralement à prendre un peu de liberté avec le planning. C'est notre cas. Sauf que la plus jeune avait mal au ventre et qu'elle n'est pas venue.

J'ai donc pris l'aînée avec moi. En hiver, on a tellement de choses à faire quand on est ensemble qu'on n'a pas une minute à perdre. L'été, c'est plus tranquille.

On a décidé d'aller flâner un peu à Glyfada. Sans programme, en roue libre. Comme ça vient. Quand on n'a pas ses enfants avec soi tous les jours, on apprend à vivre chaque instant passé avec eux sans en perdre une miette. On apprécie chaque minute. Peut-être même chaque seconde.

Les magasins étaient ouverts et on a eu du mal à se garer. On a décidé de se payer le parking. Le premier était plein. Le deuxième allait fermer une heure et demie plus tard, en même temps que les commerces. Mais on a trouvé une solution. Dès que le gardien du parking verrait une place se libérer à l'extérieur, il déplacerait ma voiture et laisserait la clef dans la cachette convenue. Je lui ai donné mon numéro de téléphone pour qu'il puisse me dire où il l'avait garée et, après en avoir discuté avec ma fille, je lui ai laissé un petit pourboire en plus. Première victoire.

Nous sommes passés à côté du cinéma. J'ai voulu la convaincre d'aller voir son grand amour du moment, la Wonder Woman pour les grands, pour enfin faire sa connaissance. Et pour repousser un peu nos limites. Elle n'a pas voulu. Je n'ai pas insisté. Nous avons fait escale chez le glacier. Une ou deux boules de glace ? Je n'avais aucun espoir de gagner ce débat-là. En quelques secondes, l'affaire était pliée. Nous sommes repartis avec le pot grand format. Nous avons poursuivi en direction de la fantastique aire de jeux dont nous attendons l'ouverture depuis des mois. Nous étions prêts à escalader la barrière, comme l'autre fois, mais le vigile au milieu du parc ne nous laissait pas tellement de marge de manœuvre.

Tout en mangeant notre glace avec maestria, nous avons réfléchi à notre prochaine aventure. L'école de Glyfada était une cible facile. Nous sommes entrés dans la cour, où de petites grappes de garçons accomplissaient des prouesses avec des ballons de foot. Nous avons échangé quelques passes avec eux mais, au final, ça n'a pas vraiment collé. Nous sommes entrés dans les bâtiments, à la suite d'autres visiteurs. Assez vite, nous avons entendu de la musique qui venait du fond du couloir. Elle nous a menés à une surprise inattendue : dans une petite salle, des choristes d'un certain âge étaient assis et écoutaient attentivement le chef de chœur leur chanter de vieilles chansons grecques. Quelque part dans un coin, un violon se faisait entendre. L'ensemble était parfait. Nous sommes restés un moment debout près de la porte, à profiter du spectacle. À un moment donné, le maestro nous a regardés mais il n'a rien dit. Il a continué son travail avec engagement. C'était exactement le genre d'aventure que nous recherchions.

Nous sommes ressortis de l'école plus comblés et plus inspirés. Tellement inspirés que nous avons eu l'idée brillante d'aller chercher la trottinette de la benjamine. Elle trône de manière permanente dans le coffre de ma voiture. C'était une opération à haut risque, nous en étions conscients. Quand sa propriétaire l'apprendrait, elle pleurnicherait, mais nous étions prêts à prendre le risque. Une autre belle surprise nous attendait. En arrivant au parking, nous avons vu que le sympathique gardien nous avait déjà trouvé une nouvelle place et qu'il en était aux manœuvres finales. D'une pierre, deux coups. Nous avons récupéré la trottinette et la clef. Nous étions aux anges.

La flânerie s'est poursuivie vers une destination inconnue. J'ai fait un saut dans une nouvelle boutique qui vend des fruits secs, du café, ce genre de choses. J'ai goûté de la mangue et de la pomme séchées, j'ai adoré. J'en ai pris deux petits sachets pour la maison. Ma fille n'a même pas voulu en entendre parler. « J'aime pas les fruits séchés », m'a-t-elle interrompu avant même que j'aie eu le temps de lui en proposer. Elle m'a lancé un sourire de vainqueur et a enfourché son fidèle destrier.

Dans une descente, nous avons failli embarquer deux ou trois piétons sur notre passage. Nous avions pris un peu trop de vitesse et le trottoir n'était pas large. Ils nous ont regardés avec gentillesse. Nous l'avons échappé belle.

Arrêt suivant, un artiste ambulant. Il avait notamment un petit pompon en fourrure vert amande à deux euros qui a accroché le regard de ma fille. Sa petite sœur voulait un pompon comme le sien et elle savait que le vert amande était sa couleur préférée. Quand elle l'a vu, son visage s'est illuminé. « Je vais le mettre dans sa petite boîte pour qu'elle le trouve demain matin. » Elle a empoigné sa trottinette en sifflotant avec bonheur.

Un peu plus bas, un snack Grigoris nous a rappelé que nous avions tous les deux envie de faire pipi. Nous avons acheté notre accès aux toilettes en payant une petite bouteille d'eau bien fraîche. Le monsieur qui est passé juste avant nous a monopolisé notre conversation pendant un moment. Pour une raison inexpliquée, il s'était lavé les mains avant d'aller aux toilettes mais pas après. Nous en avons discuté, mais nous n'avons su en tirer aucune conclusion.

Ensuite, elle a eu envie de passer par son magasin préféré. C'est un collectionneur qui vend des Lego rares. Elle aime beaucoup cet endroit, mais je me doutais qu'elle allait me ruiner. J'ai accepté d'y aller parce que je savais qu'il fermait bien avant 21 heures, et j'avais raison. Je lui ai dit : « Ah, mince, c'est dommage. » Mais elle a de la suite dans les idées et elle m'a répondu : « C'est pas grave, on va aller au grand magasin de jouets, celui avec les escalators. » Nous avons accéléré la cadence pour arriver avant la fermeture. Là, je ne me faisais aucune illusion. Ce sont des commerçants scrupuleux qui ne ferment jamais avant 21 heures. Nous sommes arrivés juste à temps et nous sommes bien sûr allés directement au rayon Lego. Nous avons fait les yeux doux à une grande boîte impressionnante. Cette fois, il n'y avait pas grand-chose à négocier. J'ai évité la conversation avec des promesses on ne peut plus floues. Comme des eurodéputés face à la dette grecque. Sur le chemin du retour, nous avons aussi pris un râteau. Par des amis et leurs enfants, que nous voulions inviter à manger. C'est qu'ils étaient affairés, eux – ils avaient des activités, contrairement à nous autres vagabonds. Moi, j'étais content, parce que nous allions dîner tout seuls dans notre restaurant préféré.

C'est ce que nous avons fait. Même s'il était presque complet, on nous a trouvé une jolie petite table avec banquette. Nous nous y sommes assis tous les deux, côte à côte. Nous avons commandé « de l'eau qui pique » et notre plat favori, des pâtes nature. J'ai aussi pris un verre de vin blanc, pour fêter ça. Nous avons joué aux devinettes, nous nous sommes chamaillés, nous avons parlé de tout et de rien, nous avons ri. Nous étions comme un petit couple dans ses bonnes heures quand le serveur nous a interrompus parce que notre trottinette et nos petites courses avaient glissé jusqu'à l'autre bout du restaurant. Nous avons éclaté de rire et nous nous sommes garés avec plus de soin. Le restaurant avait un bel éclairage tamisé et nous dégustions une de nos premières soirées de rêve de l'été. Ma fille voulait que je la traite comme une princesse, que je lui serve à boire et que je lui attache sa serviette autour du cou. Il y a quelques années, j'aurais refusé. Plus maintenant. Maintenant, je sais que ces moments sont uniques, et je laisse mes filles me guider sur le chemin magique dont elles ont le secret.

Après avoir payé (naturellement, c'est elle qui a tapé le code), elle a tenté le tout pour le tout. « Papa, là-haut ! » En langage courant, cela signifie qu'elle va s'asseoir sur mes épaules et utiliser ma tête comme un volant. Comme quand elle était plus jeune. Sauf que, maintenant, elle pèse trente kilos. Mais bon, je ne pouvais pas lui refuser ça. D'autant que la voiture était garée à trois cents mètres du restaurant, maximum. Je lui ai dit « Hors de question » avec un clin d'œil et, d'un geste rapide, je l'ai envoyée « là-haut ». Pour se tenir, elle a attrapé mes oreilles, comme un cocher attrape des rênes. Ça faisait un peu mal, mais le plaisir l'emportait. Le spectacle était si drôle ! D'une main, je portais la trottinette et, de l'autre, le sac avec les courses. Et ma fille était assise sur mes épaules. Trois cents mètres interminables. Et c'était tant mieux, parce que pendant tout le trajet, nous étions écroulés de rire à l'idée que je pourrais trébucher et que nous nous fracasserions la tête par terre, tous les deux, avec la trottinette, la petite bouteille d'eau à moitié pleine, le pompon vert et les fruits séchés, qui étaient de trop. Appuyée sur ma tête, ma fille pleurait littéralement de rire. Je sentais son ventre faire des bonds de joie. Trois cents mètres de bonheur. Je riais aux éclats avec elle. En arrivant à la voiture, je ne sentais plus mon cou. Comme s'il m'avait abandonné en même temps que ma passagère. Mais la joie était indicible.

Nous sommes montés dans la voiture et nous n'avons pas dit grand-chose. Ce n'était pas la peine. Je l'ai raccompagnée chez sa maman. En descendant, elle m'a serré dans ses bras comme jamais. Elle est restée collée à moi quelques secondes. Elle avait fermé ses petits yeux. Et moi les miens. Je lui ai fait un bisou et je l'ai regardée s'éloigner. Juste avant de rentrer dans la maison, elle m'a lancé un dernier regard, tellement radieux.

C'était peut-être la journée la plus heureuse de ma vie. Tu me diras, ce n'était rien de bien spécial. Pour moi, c'était tout. Il m'a fallu des années, beaucoup de peine et beaucoup de travail pour apprendre à vivre la vie. Pour apprendre son art. Maintenant, je sais qu'un instant ne revient jamais. Je sais que la seule chose qui existe, c'est le présent.

Je sais que mes sentiments
sont ma seule vérité, ma seule richesse.

Je sais que j'adore mes enfants et tous les enfants du monde exactement comme ils sont et qu'ils n'ont pas besoin de faire quoi que ce soit d'autre que d'être eux-mêmes. Je sais apprécier l'instant présent. Personne ne peut me garantir que je serai encore là demain.

C'était une soirée d'été, une poignée d'heures. Mais j'ai eu l'impression que ça avait duré toute une vie.

La gratitude. Rien d'autre.

LES PETITS NUAGES

Ils sont partout. Dans les voitures. Dans le métro. Dans la rue. Ils marchent, sans âme et sans couleurs. Tous au diapason. Tête baissée. Maussades. Le regard au sol. C'est qu'il ne faudrait tout de même pas rencontrer quelqu'un. Le téléphone à la main, le plus souvent. Et pour les plus jeunes, les écouteurs dans les oreilles. Tout droit sortis d'un film d'Angelopoulos.

Quand on les voit dans le métro, ils nous donnent l'impression d'aller à un enterrement. Surtout si on est lundi ou qu'il pleut, ou les deux à la fois, alors là, ils ont l'air carrément désespéré. Si par mégarde on les touche, on le paye cher. Céder leur place à quelqu'un d'autre, même pas en rêve. Ici, c'est la loi de la jungle.

Oui, il y a des exceptions. Mais elles ne sont pas nombreuses. Un peu comme quand on entrouvre les volets pour laisser entrer la première lueur du matin. Un rayon de lumière dans l'obscurité.

Malheureusement, dans les grandes villes, les choses sont encore pires. Le regard ne fait plus qu'un avec l'écran. Certains sont plantés sur leur écran comme un clou dans une planche. Le pouce s'agite dans tous les sens, sans arrêt. Presque toutes les oreilles sont bouchées par des écouteurs.

Un défilé de petits nuages noirs. À chacun le sien.

Plus fidèle qu'un chien. Il nous suit partout. Dans les escaliers, dans l'ascenseur, dans la voiture. Quelque part là-haut, tous les petits nuages s'unissent. Et forment un grand nuage aussi noir que la suie. On parle de nuage émotionnel. Dans ce cas-là, il est on ne peut plus toxique.

Ce n'est pas seulement la faute des téléphones, mais ils ne nous aident clairement pas. On parle avec un ami, on a le dos de son portable devant les yeux. On arrive au moment le plus intéressant de notre histoire, des messages continuent leurs allées et venues, imperturbables. On est suspendu à des lèvres, mais leur propriétaire est ailleurs. Et c'est pareil pour toi. Même quand tu ne tripotes pas ton téléphone, le petit nuage tourne en rond au-dessus de ta tête. Comme une abeille autour d'un pot de miel.

Dîner au restaurant. L'autre va aux toilettes. Tu ne peux pas rester assis tranquille. Tu te jettes dessus. Tu as toujours une bonne raison. Tu attends un message, un e-mail important, tu veux voir ce qu'il s'est passé. Foutaises. Tu es accro, comme la plupart d'entre nous. Et c'est la plus sournoise des addictions. Une addiction qui commence de plus en plus tôt. Avec nos enfants.

Plus la technologie progresse, plus elle nous offre d'applications et de belles couleurs, et plus nous nous enfermons dans notre petite grotte high-tech. De plus en plus profondément.

Sauf que notre grotte n'a pas de couleur et sent le moisi. Et on ne profite de rien. Ni des autres, ni de la vie, ni même de notre propre compagnie.

Le plus grand cadeau que tu puisses faire
à tes proches, c'est ta présence.
Quand tu es là, sois vraiment là.

C'est un cadeau d'une valeur inestimable. Éteins ton téléphone. Laisse-le dans un coin. Ça va te changer la vie. Quand tu te réveilles, prends d'abord ton amour dans tes bras. Tu allumeras ton téléphone après.

Si un de tes amis fête son anniversaire, passe-lui un coup de téléphone, au lieu de poster un message.

Et si vous êtes ensemble, tous les deux, regardez-vous dans les yeux. Quand vous êtes tous les deux, soyez tous les deux.

Sans petit nuage.

EMMA

Les choses qui m'énervent sont rares. Mais elles m'énervent vraiment. Tout en haut de la liste, il y a l'impuissance. Voir des gens à l'arrêt, dans une vie étriquée. Installés dans leurs petits problèmes. Bien rangés, dans une vie facile. Incapables et résignés. Les voir critiquer les autres. Râler à cause de la météo. Parler dans le dos de leur voisin. Pas en face, par-derrière. Ne pas agir, mais discuter. Gaspiller leur vie.

Avec Eleni, cela faisait des semaines, peut-être même des mois, que nous essayions de nous voir. Un coup je ne pouvais pas, un coup c'était elle. Un jour elle ne répondait pas, le suivant c'était moi. Depuis le début, sa vision m'avait touché. Il y a des années de cela, Eleni a vécu le pire. Sa fille est décédée d'un cancer à l'âge de vingt-quatre ans. Malheureusement, je ne l'ai pas connue, Emma. Elle était pleine de vie, belle comme le jour, charismatique et optimiste, jusqu'au dernier jour. Elle rêvait d'une vie plus belle pour les personnes atteintes de cancer. Elle aurait aimé que des musiciens, des peintres, des auteurs, toutes sortes de gens talentueux viennent leur rendre visite à l'hôpital, pour partager leur art avec eux.

Qu'ils organisent des jeux, des projections, des discussions. Qu'ils partagent avec eux leurs richesses, pour les rendre plus forts, plus optimistes encore. Pour que leur vie soit plus belle, pour qu'ils aient plus de chance de s'en sortir. Un meilleur moral, ça veut dire une meilleure immunité et une meilleure immunité, ça veut dire de meilleurs résultats. C'est aussi simple que ça.

Eleni m'avait demandé si je voulais bien parler à ces gens, moi aussi. Nous avons fini par nous voir il y a quelques jours. Je n'ai pas eu de mal à la reconnaître. Une allure digne, aristocratique, et vêtue de noir. À peine l'ombre d'un sourire, ce que lui a laissé la perte d'Emma. Une femme qui respire la bonté, la dignité, la force et la détermination dans la poursuite du rêve de sa fille.

On a parlé un long moment. Des étincelles jaillissaient de ses yeux. Même si le feu qui y brûlait jadis s'est brusquement éteint. Elle a rassemblé les dernières brindilles incandescentes, elle les a remuées, elle a donné du souffle et le feu a repris. Ce feu est-il le sien ou celui d'Emma ? Ils ne font plus qu'un.

« Nous avons commencé, me dit-elle, par un hôpital qui a accepté notre initiative avec bonheur. »

Les grands de ce monde disent toujours « nous », surtout quand ils ont toutes les raisons de dire « je ».

« Ils ont mis une salle à notre disposition et nous ont intégrés à la vie de l'hôpital. Ils ont rapidement soutenu notre action et, en deux semaines, tout le personnel nous connaissait, de l'accueil jusqu'au dernier médecin. » Les grands de ce monde sont toujours sur le terrain, même quand ils ont toutes les raisons de ne pas y être. « Notre rêve ne pouvait pas attendre, Stefanos. Nous avons commencé. » Les grands de ce monde ont tous mille raisons de ne rien faire, mais ils choisissent un objectif et agissent.

Notre rencontre a duré une heure. Je suis reparti ému et décidé à aider Eleni à faire grandir le feu qui brûle dans son âme pour Emma. Décidé à apporter mon aide, moi aussi, à celles et ceux qui en ont tant besoin.

Décidé à connaître, moi aussi, cette fille fantastique, à travers un projet remarquable. Cette fille que je n'ai pas eu l'honneur de connaître.

Elle s'appelait Emma.

Elle s'appelle Emma.

L'ÉQUATION

Je l'ai repéré dès qu'il est entré dans le magasin. Prêt à râler. Ces types-là, tu les repères à leur posture. Penchés. Tête baissée. Épaules rentrées. Mains dans les poches. Sourcils froncés. Bouche prête à récriminer. Ils arrivent à peine à se retenir. Comme quand on a envie d'éternuer.

« … Tu te rends compte, (c'est toujours comme ça qu'ils commencent leurs histoires) ils m'ont demandé de payer la différence. J'avais déjà payé mon billet d'avion sept cents euros et, là, tu sais combien ils m'ont demandé, pour le changer ? Vas-y dis, combien ?

— Je sais pas, lui répond l'autre, indifférent.

— Quatre cents… » et il a tourné la tête, cherchant vainement des auditeurs. Nos regards se sont croisés l'espace d'un instant, mais j'ai pris mes jambes à mon cou. Il ne manquait plus que ça. J'allais tout prendre dans la figure.

« … Alors je lui fais : non mais dites donc, je suis venu le changer un mois avant le vol, mon billet. Pas au dernier moment. Pourquoi est-ce que je devrais payer ? »

Et l'autre, les paumes vers le ciel, démuni. Lui continue de se ratatiner, jouant la victime et l'impuissance.

J'ai fait ce que j'avais à faire et je suis parti en vitesse. J'ai pensé un moment à ce type, à ces sourcils froncés, à sa manière de se gâcher la vie. Il ne le fait pas exprès, mais c'est exactement ce qu'il fait. Je suis sûr qu'il a pris connaissance des conditions d'échange avant de payer son billet. Il savait très bien ce qu'il achetait. Il voulait râler. Si ça n'avait pas été ça, ça aurait été autre chose.

Certaines choses ne dépendent pas de toi. D'autres si. Dans une équation, on appelle les premières des constantes et les secondes des variables. Les constantes, il faut les accepter comme elles sont. Comme leur nom l'indique. Il faut se concentrer sur les variables.

Les menteurs mentent ; les idiots font des idioties ; le matin, il y a de la circulation ; l'été, il fait chaud. Ce sont les constantes.

Comment on réagit au mensonge, comment on supporte la circulation, comment on se protège du soleil, ce sont les variables. C'est ça notre boulot. Rien d'autre.

Le chêne est une constante. Tu peux toujours pousser, il ne bougera pas. Tu gâches ton énergie. Et ton humeur. Tu auras besoin des deux pour tes variables. Mais tu les gaspilles.

On s'épuise à faire changer
ce qui ne dépend pas de nous et, à la fin,
on n'a plus le courage de vivre notre vie.

C'est pour ça qu'on voit des gens las, au bout du rouleau. Ils ont vidé leur réservoir à force de tourner en rond.

Résumons : la première chose à faire, c'est de repérer quelles sont les constantes et quelles sont les variables. Ce jour-là, ma constante, c'était ce type toxique. Et ma variable, c'était de prendre mes jambes à mon cou.

Je cours toujours.

POURQUOI CERTAINS RÉUSSISSENT

Marché aux poissons. Mercredi midi. Une ambiance de souk oriental pleine d'odeurs et de voix. Je flâne, j'observe. Les poissonniers m'ont repéré, ils me laissent tranquille. Tout à coup, je m'arrête devant une poissonnerie, je ne sais pas pourquoi. Pourquoi celle-ci, puisque ce sont toutes les mêmes ? Et pourtant, il y a quelque chose de différent. Je m'approche et je regarde attentivement. Je cherche les sept différences, comme quand j'étais petit. Première différence : les poissons sont parfaitement alignés. Deuxième différence : la glace semble plus fraîche, plus blanche, on dirait un lit bien fait. Troisième différence : ces étals respirent la propreté. On y installerait une pharmacie. Quatrième différence : les gens qui y travaillent sont en mouvement, personne n'est à l'arrêt. Ils ont toujours quelque chose à faire. Ils travaillent en souriant. Je croyais avoir tout vu quand j'ai soudain aperçu la gérante de la poissonnerie. Une dame d'une quarantaine d'années, debout au milieu du magasin. Elle se tient droite, elle a l'air tonique. Elle porte un uniforme amidonné et immaculé, on dirait qu'elle vient à peine de l'enfiler, alors qu'il est déjà midi. Ses bottes sont impeccables. Ses cheveux sont bien coiffés. Comme si elle rentrait d'un gala. Elle a un cornet en papier à la main, prête à emballer des poissons. Elle ne crie pas. Mais elle règne.

Certaines personnes ont choisi le succès. Et le succès se construit avec des habitudes « insignifiantes » : elles arrivent avec cinq minutes d'avance, qu'elles aient rendez-vous avec leur enfant ou avec le président de la République. Elles préfèrent attendre que de faire attendre. Leur téléphone n'est jamais en panne de batterie, parce qu'elles ont veillé à le recharger la veille au soir. Si elles ont un commerce, elles ne se retrouvent jamais à court de monnaie, parce qu'elles s'en procurent à temps et en quantité suffisante. Elles respectent les feux rouges, d'abord par respect pour elles-mêmes, et ensuite par respect pour la loi. On ne les verra jamais avaler leur sandwich en marchant dans la rue. Elles vont s'asseoir, ne serait-ce que cinq minutes, pour prendre soin d'elles. Dans le métro, elles lisent, sans déranger qui que ce soit et sans être dérangées. Elles disent toujours « merci » quand on les laisse passer et, évidemment, elles sont les premières à qui l'on dit merci. On ne les entendra jamais se plaindre du fait qu'elles n'ont pas le temps. Elles ont le temps de tout faire, et elles font beaucoup.

Ces gens-là se promènent dans la vie, ce n'est pas la vie qui les promène. Ils ont appris son art. D'abord ils écoutent, ensuite ils parlent. Ils agissent au lieu de pleurnicher. Ils observent au lieu de juger et ne le font que si c'est indispensable. Quand leurs clients ou leurs collaborateurs sont contents, ils le sont encore davantage. Ils se soucient des autres. Ils s'en soucient sincèrement. Mais, avant toute autre chose, ils se soucient d'eux-mêmes et ils le montrent. On dirait que les traits de leur visage sourient. Ils aiment ce qu'ils font. Ils trouvent toujours un moyen de l'aimer. Ils ont ce qu'ils veulent, tous simplement parce qu'ils veulent ce qu'ils ont. Ils savent dire non sans avoir besoin de crier. Ils voient leur travail comme le plus important du monde, même si ce n'est pas vrai.

Ces gens attendent beaucoup,
d'abord d'eux-mêmes et ensuite des autres.

Ils se concentrent sur leur but et ne se dissipent pas. Ils illuminent ta journée parce qu'ils ont déjà réussi à illuminer la leur. Ils ne se prennent pas au sérieux, mais ils sont sérieux. Ils savent beaucoup, mais ils savent surtout qu'ils ne savent pas.

Ces gens-là réussissent même quand ils « échouent ». Ces gens-là réussissent toujours, simplement parce qu'ils l'ont choisi.

Exactement comme la poissonnière, avec son uniforme amidonné.

Et ses bottes fraîchement cirées.

JOIE

On a parfois l'impression que les choses sont comme ceci ou comme cela. Mais quand quelqu'un dont c'est la spécialité nous le confirme, tout trouve sa juste place, en nous. Comme les cartouches d'encre neuves dans l'imprimante.

Moi c'est un conférencier charismatique de TedX qui m'a fait cet effet-là. Il parlait de la joie. De manière scientifique, avec des études à l'appui. Donc, c'est l'histoire de deux types… Le premier a gagné cent millions de dollars à la loterie. Le second vient d'apprendre qu'il resterait paralysé à la suite d'un accident. La question de savoir qui est le plus joyeux ne se pose même pas.

Allons droit au but : un an plus tard, on mène l'enquête. Qui est le plus heureux ? Question facile. Comme celle que nous posions quand nous étions petits : qu'est-ce qui pèse le plus lourd, un kilo de plumes ou un kilo de plomb ? À l'époque, nous tombions dans le panneau. Pareil ici. Ce n'est pas le millionnaire le plus heureux. Ils le sont autant l'un que l'autre.

La joie du riche s'est vite émoussée. Il s'est habitué à tant d'argent. Il n'est plus impressionné. Ça lui semble acquis. La folie a disparu. Pareil pour le type dans son fauteuil. Le chagrin s'est usé. Il a appris à vivre avec son handicap. Ça ne lui plaît pas. Mais il s'y est habitué.

On est là pour la joie. Sans joie, on ne fait rien. Rien d'inspiré en tout cas. Aucun travail, aucune relation, aucun loisir. Sans joie, rien n'a de sens. Même pas la santé.

Nous attendons que la joie vienne frapper à notre porte. Que le livreur nous l'apporte. Mais au moment où elle appuie sur la sonnette, nous regardons le journal. Un peu trop attentivement. Et nous ne l'entendons pas. Et quand elle toque à la vitre de notre voiture, nous sommes perdus dans nos pensées.

Et pourtant, la joie est là. C'est nous qui sommes absents. Nous lui posons des lapins à chaque rendez-vous. Elle est là le matin, au réveil. Elle est dans nos jambes qui nous portent, dans l'eau fraîche qui nous réveille, dans la huche à pain, qui contient ne serait-ce qu'un quignon pour la faim, elle est dans la voiture qui démarre, dans le soleil qui nous réchauffe. Elle est dans le lit douillet qui nous attend à la fin d'une dure journée.

La joie n'est pas dans les choses. La joie, c'est une paire de lunettes qui te permet de les voir. De les apprécier. De les laisser t'envoûter. Si tu n'as pas les bonnes lunettes, il faut en changer. Elles sont gratuites. Si tu n'aimes pas les plats que le livreur t'apporte, apprends à cuisiner. Fais chauffer la marmite.

À l'époque, en cours de mathématiques, nous avions appris la différence entre une variable de stock et une variable de flux. Dans un problème, la variable de stock, c'est le nombre de pommes que le petit Nicolas a dans son placard. La variable de flux, c'est le nombre de pommes qu'il a cueillies aujourd'hui. Et donc, la joie, c'est une variable de flux. J'ai mis des années à le comprendre.

La joie, c'est comme du pain. Apprends à le pétrir toi-même. Et quand tu le mets au four, laisse la fenêtre ouverte.

Que le quartier tout entier profite de l'odeur. Cuis-en un par jour.

Le pain, c'est comme la joie, c'est bon quand c'est frais.

MA PROUESSE À MOI

Je suis venu au Canada pour assister à une conférence de Robin S. Sharma (l'auteur notamment du livre *Le Moine qui vendit sa Ferrari*), un homme qui a marqué ma vie il y a des années. Parmi les choses que je voulais voir à Toronto, il y avait la CN Tower, une tour de cinq cent cinquante-trois mètres, la plus haute du continent américain. J'avais lu quelque part qu'une plate-forme perchée à trois cent cinquante mètres du sol permettait aux visiteurs de sortir à l'air libre et, une fois solidement harnachés, de faire le tour du bâtiment en marchant, littéralement, au bord du vide. J'ai fait comme si je n'avais pas lu cette information, même si je l'avais évidemment remarquée, et pas qu'un peu.

Aussi loin que je puisse me souvenir, j'ai toujours eu peur. De lever la main, de dire non, de faire selon mes désirs, d'être mon propre soutien. Autant dire que les prouesses et les pirouettes, ce n'était pas pour moi. Sans compter que j'avais le vertige.

J'ai visité la tour avant-hier. J'y suis allé sans avoir décidé ce que je ferais. Je m'étais dit que je prendrais ma décision sur place. La fille de la billetterie m'a conseillé de regarder la vidéo avant de me lancer. Ça n'a pas aidé non plus. Je l'ai vue et revue. Zéro décision. Le spectacle était franchement terrifiant. J'étais prêt à me défiler, une fois de plus. Mais je ne le voulais pas. Hors de question. Je n'ai plus de place pour la fuite dans ma vie. Même quand ça fait mal. J'avais fini par détester cette tendance, par me détester. Finalement, j'ai pris ma décision. En une fraction de seconde. J'ai donné ma carte bancaire et on m'a conduit dans une pièce où on m'a équipé d'une combinaison et d'un harnais.

Quand nous sommes sortis au cent vingtième étage, le moniteur m'a demandé de sortir le premier (nous étions trois). Il soufflait un vent furieux là-haut. Au début, j'ai eu une sacrée trouille. Et puis je me suis habitué, petit à petit, et j'ai pris de l'assurance. En tout, nous sommes restés une demi-heure et je dois dire qu'au bout du compte, j'ai apprécié. Je ne m'y attendais pas.

Cette prouesse, je me la devais depuis des décennies. C'était l'affaire d'une vie, pour moi. La vie avec un grand V. Parce que, l'autre, la vie minuscule, j'en avais fait le tour depuis un moment. C'est comme si, avant-hier, j'avais ouvert la porte de la cellule que je m'étais construite consciencieusement pendant toutes ces années et que je m'étais évadé, définitivement.

> J'avais rendez-vous avec moi-même et,
> cette fois-ci, je ne me suis pas défilé.
> Je n'ai pas pris la tangente.

Comme si nous avions joué une partie de ping-pong et que j'avais gagné. Sauf qu'à la fin, mon adversaire était aussi heureux que moi. Je lui devais bien ça. Heureusement, après tant d'années, j'ai appris à ne plus faire marche arrière. J'ai appris à aller de l'avant, même les jours de tempête. Je sais qu'au port, le bateau finit par pourrir. Moi, j'ai fini par comprendre.

Ta prouesse à toi, c'est peut-être de pousser enfin la porte d'une salle de gym, de passer à un proche le coup de téléphone qu'il attend depuis des années, ou de sortir d'un tiroir un vieux projet qui n'en finit plus de prendre la poussière. Peut-être que c'est de vivre enfin la vie que tu voudrais vivre. Je ne sais pas et ça ne me regarde pas.

Une chose est sûre : il n'y a que toi pour le savoir. Et il n'y a que toi pour agir.

Aujourd'hui. Pas demain.

JE T'AIME

Il s'appelle Ilias. C'est un type rare, un brave. Un battant. Un type qui n'hésite pas à tout reprendre à zéro si nécessaire. Rien ne l'arrête. C'est une force tranquille. Un mec propre. Quelqu'un dont tu es fier. Quand tu le vois, quelque chose en toi est comblé.

Très souvent, nous avons échangé nos sentiments les plus profonds. Nous nous retrouvons deux ou trois fois par an. Pas besoin de beaucoup plus. Mais dans ces moments-là, nous nous donnons tout. Et nous nous disons tout. Nous nous embrassons. Nous rions du fond du cœur. Comme s'il n'y avait pas de lendemain. Nous profitons d'être ensemble. Nous nous réjouissons de la joie de l'autre. Et son chagrin nous attriste.

Le jour de son anniversaire, je l'ai appelé. Au premier coup de téléphone, il n'a pas répondu. La deuxième fois, c'est moi qui n'ai pas répondu. Le troisième, c'était la bonne. Il était très heureux de m'entendre. Parfois, les sentiments sont si forts qu'ils prennent forme. On a l'impression qu'on peut les voir. Voir leurs mouvements, leurs sourires, leurs pirouettes. Hier, c'était exactement comme ça. La conversation n'a pas duré plus de cinq minutes. On ne s'était pas parlé depuis six mois. Mais, en cinq minutes, nous avions tout dit. Tout ressenti. Nous avons décidé de nous voir dans les semaines à venir. Là, on se donnerait tout… Mais il avait gardé le meilleur pour la fin, ce filou : « Je t'aime, mon petit Stefanos… »

Je suis resté comme un con. Sans savoir comment réagir. Des larmes plein les yeux. Je n'avais plus de voix du tout. À partir de là, j'ai un blanc. Je ne me souviens pas de ce que j'ai répondu. Je ne me souviens même pas si j'ai répondu. C'était comme un tsunami. Un tsunami de bonheur, une libération.

Tout ça, ce sont des choses que nous ne disons pas. Et pourtant, nous ne vivons que pour elles. C'est ce qui nous rend humains. Durant leurs tout derniers instants, les passagers condamnés des vols du 11 septembre ont appelé leurs proches pour leur dire à quel point ils les aimaient. Ce furent leurs dernières paroles.

Nous gardons tout ça pour la fin. Pour les mots d'amour, nous sommes de vrais radins. Nous en avons peur. Et nous ne disons rien. Surtout nous, les hommes. Nous avons peur de devenir vulnérables. Peur d'être tendres. C'est pourtant là que se trouve toute la saveur de la vie.

Un père qui a perdu son fils dans un tragique accident de Porsche nous l'a dit lors des funérailles de son fils : « Nous faisons l'erreur de croire qu'il y aura toujours un lendemain. Mais, parfois, le lendemain ne vient pas. Et nous regrettons tout ce que nous n'avons pas dit, tout ce que nous n'avons pas fait. La dernière fois que je t'ai dit que je t'aimais, mon bonhomme, c'était il y a quatre ans, quand tu m'as téléphoné pour me souhaiter mon anniversaire, je m'en souviens encore et aussi longtemps que je vivrai, je me souviendrai combien cela m'avait rendu heureux de t'entendre me dire : "Moi aussi, je t'aime, Papa." Depuis, je ne te l'ai jamais redit… »

Alors dépêche-toi de dire tes « Je t'aime », dès aujourd'hui. Chaque fois que ton âme en a besoin. Parce que, dans ce domaine-là, ta tête ne vaut pas un clou.

La vie ne tient qu'à un fil.
Il arrive que demain ne vienne jamais.

TERRIBLE

J'étais le premier à le dire. Quand je trouvais que quelque chose était beau, je disais « terrible ! ». Comme ça, par habitude.

Un homme regarde en l'air. Quelqu'un le voit faire et l'imite. Puis un autre encore. Peu de temps après, il y a tout un attroupement. Tout le monde le nez en l'air. Au bout d'un moment, le dernier arrivé demande à l'avant-dernier : « Qu'est-ce que vous regardez ? » Alors, l'avant-dernier pose la question à celui qui était là juste devant lui, et ainsi de suite, jusqu'au premier. « Qu'est-ce que tu regardes ? lui demande-t-on.

— Rien, répond-il, je saigne du nez, c'est tout ! »

C'est pareil dans la vie. Quelqu'un fait quelque chose, tout le monde l'imite. Quelqu'un dit quelque chose, tout le monde s'y met.

Quand j'ai commencé à suivre les séminaires d'Antonis, j'ai remarqué que personne n'utilisait d'expressions ou de mots négatifs pour décrire quelque chose de positif. Surtout ce « terrible », personne ne l'employait jamais. Comme si on les avait envoyés au coin assez souvent pour qu'ils arrêtent. Certains disaient « excellent », d'autres « fantastique », d'autres encore « incroyable ». Et moi, j'étais le seul à dire « terrible » à tout bout de champ. À un moment donné, un ami s'est approché de moi et m'a confié, à voix basse : « Nous n'utilisons pas ce genre de mots. » Très discrètement, comme ça, pour ne pas me vexer. Mais assez catégoriquement pour que je ne l'oublie pas.

« Et pourquoi ça ?

— Parce que derrière le mot “terrible”, il y a le mot “terreur”. Tu as vraiment envie que la poignée de graines que tu vas semer soit infestée de parasites ?

— Non ! »

On était bien d'accord.

Quand mes filles étaient petites, elles achetaient des blocs de coloriage. Il y avait les contours des dessins, il ne manquait plus que les couleurs. Elles ne dépassaient jamais en coloriant. C'était comme un moule. Tes mots sont le moule de ta vie. Applique-toi.

Les mots et la vie, c'est un peu comme l'œuf et la poule. Ta vie détermine la façon dont tu t'exprimes et vice versa. C'est une partie de ping-pong. Ce n'est pas un hasard si le mot *philotimos* (l'honneur, la dignité et l'amour-propre) n'existe qu'en grec. Ce mot décrit l'âme grecque et l'âme grecque, en retour, donne de l'épaisseur au mot lui-même. Les Anglais ne savent pas ce que signifie *philotimos*. Et tant qu'il n'existe pas de mot pour décrire une chose, l'esprit ne peut pas la concevoir.

Ta vie tout entière pourrait changer
si tu changeais ne serait-ce qu'un mot
de ton vocabulaire.

Lorsqu'on te demande comment tu vas, ne réponds pas que tu cours toute la journée. Pire encore, n'ajoute pas que tu le fais *comme un con* !

Imagine que tu as un rendez-vous. Tu sors avec une fille. Dis-lui qu'elle est aussi belle que le premier jour du printemps. Tu la verras s'épanouir. Dis-lui, pour voir, qu'elle ressemble au dernier jour de l'hiver.

Si jamais tu la revois, fais-moi signe, ça m'intéresse.

OSEOLA

Je suis toujours suspendu à ses lèvres quand il parle. Il fait preuve d'une sagesse et d'un calme uniques. On aimerait devenir une éponge pour pouvoir tout absorber. Sans en perdre une goutte. Il s'appelle Mohammed et c'est mon entraîneur de squash. Et de vie. Il a plus de quatre-vingts ans. Il est originaire d'Alexandrie, en Égypte, mais il est plus grec qu'un Grec.

Ce que je préfère, ce sont ses histoires de l'Égypte des années 1950. Il jouait au basket à l'université. Mohammed a toujours eu le sport dans la peau. C'est pour ça qu'il parvient à tout nous transmettre. Du matin au soir, il enchaînait les entraînements. C'est quelqu'un qui sait travailler pour réaliser ses rêves. Un jour, il m'a parlé des mécènes. Ceux qui soutenaient l'équipe grecque. Mohammed a toujours joué pour la Grèce. Les joueurs avaient entendu parler d'un certain M. Sigalas, qui les soutenait, lui aussi. Un Grec fortuné, selon toute vraisemblance. Ils ne l'avaient jamais vu. Il ne venait jamais aux entraînements. Il n'y est venu qu'une fois. Les joueurs sortaient de l'entraînement quand il est entré dans la cour. Avec sa Mobylette. Un homme du peuple. Modeste. Un des joueurs a demandé à l'entraîneur, perplexe : « Qu'est-ce qu'il fait comme travail, M. Sigalas ?

— Il est huissier, garçon de bureau, lui a-t-il répondu, il transporte de la correspondance. »

Et pourtant, en se serrant la ceinture, M. Sigalas réussissait à soutenir l'équipe.

Être riche, ce n'est pas avoir. C'est donner.

C'est bouleversant, le partage. Il n'y a qu'en partageant qu'on peut connaître le bonheur. Autrement, c'est impossible. Il n'y a pas à tortiller. C'est la réalité. Où que tu ailles, laisse quelque chose. Une fleur, un livre, un câlin, un compliment, un vœu. Laisse le monde plus beau que tu l'as trouvé.

On est là pour partager. Pour aider. Et pour aimer. Les derniers jours que tu passeras sur Terre, tu ne feras pas le total de l'argent que tu as gagné. Tu penseras à l'amour que tu as donné et reçu. Il n'y a que ça qui compte. Le milliardaire, on l'enterre à côté de l'éboueur.

Quand tu passeras de l'autre côté, on ne te demandera qu'une chose : « Tu as reçu une vie. L'as-tu vécue ou l'as-tu gaspillée ? As-tu fait le plein d'amour ? »

Elle s'appelait Oseola McCarty. À l'époque, c'était une parfaite inconnue. Aujourd'hui, le monde entier connaît son nom. Elle est morte à l'âge de quatre-vingt-dix ans et le président des États-Unis lui-même a honoré sa mémoire. C'était une blanchisseuse afro-américaine. En ce temps-là, afro-américaine était synonyme d'esclave. Elle n'avait pas d'enfants et travaillait comme un chien. Elle l'a fait jusqu'à son dernier jour. Elle travaillait et elle épargnait. Un jour, elle est allée à la banque. Le guichetier a regardé son livret et lui a dit :

« Oseola, tu sais combien d'argent tu as économisé ?

— Non, combien ?

— Deux cent cinquante mille dollars. Tu es riche. »

Oseola ne savait pas combien cela représentait. Pour qu'elle le comprenne, le banquier lui a montré dix pièces.

« Si tu avais ces pièces de monnaie, qu'est-ce que tu voudrais en faire ? »

Elle a réfléchi un moment et lui a répondu :

« J'en donnerais une à l'église. Trois à mes trois neveux. Et les six autres, je vais y réfléchir. »

Quelques jours plus tard, Oseola s'est rendue avec sa petite canne à l'université de l'État où elle vivait. Le Mississippi. Pour rencontrer le recteur. Et lui donner un chèque sur lequel était écrit « 150 000 dollars ».

« Pour les enfants noirs, lui a-t-elle dit, qui veulent faire des études mais qui n'en ont pas les moyens. » Et elle lui a souri. Avec la manière unique qu'elle avait de sourire.

Tu es là pour ça.

LA RECETTE DES SPAGHETTIS

Pour commencer, tu mets de l'eau à chauffer. L'eau, c'est la base. Notre corps est plein d'eau. On apprend ça à l'école primaire. L'eau est bonne pour le cœur, nettoie l'organisme, facilite la perte de poids, donne de l'éclat à la peau. On l'appelle aussi le carburant du cerveau. J'ai lu quelque part que la consommation d'eau permet d'augmenter l'efficacité du cerveau jusqu'à 30 %. Tu parles d'un choc. Depuis, je bois beaucoup d'eau. C'est bien connu, si tu ne mets pas assez d'eau, tes spaghettis vont coller. Et si tu n'en mets pas du tout, ta casserole va brûler.

Ensuite, tu mets du sel. Les spaghettis, sans sel, ça n'a aucun intérêt. Pareil pour la vie. Le sel de la vie, ça s'appelle la dopamine et c'est l'ingrédient de base du bonheur. Elle nous donne de la joie et de l'euphorie. Elle nous fait ressentir un bien-être physique et mental. Où est-ce qu'on la trouve ? Dans chaque bonne action. Dans toutes ces choses que tu considères comme insignifiantes ou romantiques. Ramasser un déchet par terre, tenir la porte à un inconnu, inviter un ami, faire des petites surprises à ceux qui t'entourent, aider ceux qui en ont besoin. Dans le fait de partager, aussi. Lorsque tu fais quelque chose de bien, ton organisme sécrète de la dopamine. Et pas qu'un peu. Alors, ne méprise pas ceux qui font le bien. Ce ne sont pas des romantiques. Ce sont des êtres intelligents. Ne penser qu'à sa pomme, c'est très facile. Mais ça peut te coûter très cher. Beaucoup plus cher que tu ne le penses.

Dans tes spaghettis, évidemment, n'oublie pas de mettre du beurre. Dans la vie, le beurre s'appelle l'endorphine. Tu en produis en abondance quand tu bouges et quand tu fais du sport. Elle augmente la neuroplasticité du cerveau et sa capacité à apprendre, à mémoriser, à discerner et à avoir confiance en soi. On peut également dire que c'est un antidépresseur naturel. À l'étranger, ils parlent de *natural high*, c'est une drogue naturelle. Le mouvement produit des énergies de toutes sortes, physiques et psychiques. Ta voiture ne fonctionne pas sans carburant, n'est-ce pas ? Alors pourquoi est-ce que, toi, tu y arriverais ?

Si tu manges de la viande, n'oublie pas de la décongeler suffisamment tôt. Sois prévoyant. Comme la fourmi d'Ésope qui travaille l'été alors qu'elle préférerait se reposer. Apprends à faire ce qui est juste, pas ce qui est facile. Tourne ta langue sept fois dans ta bouche avant de parler et, s'il le faut, prends dix bonnes respirations pour ne pas exploser.

Mets-toi au travail dès aujourd'hui pour avoir ce que tu souhaites demain.

Les choses dépendent de toi. Si on te dit qu'elles dépendent des autres, on se moque de toi. Un peu comme si tu avais oublié de mettre quelque chose de central dans ta recette : les spaghettis. Et dans la vie, ce quelque chose s'appelle l'action. C'est le principal ingrédient de la vie.

J'entends beaucoup de gens parler, commenter et donner leur avis, mais j'en vois très peu qui agissent et qui avancent. J'en vois aussi beaucoup qui vendent leur rêve pour un morceau de pain. La télécommande et le canapé, c'est très confortable, mais le confort, ça te tue. Toi et tes rêves.

Ça te tue tout doucement, sans faire de bruit, et tu ne te rends compte de rien. Quand tu te blottis dans ton canapé, tu as l'impression d'en tirer un certain bénéfice, mais c'est une illusion. Tu vas le payer très cher. Tu vas le payer de ta vie. Agir, ça veut dire te réveiller plus tôt pour planifier ta journée. Agir, c'est te donner tout entier à ton travail même si tu n'es pas aussi bien payé que tu le voudrais. Ça consiste à entreprendre au lieu de gémir. L'action, c'est tout ce que tu fais dans ta vie pour obtenir ce que tu désires.

Alors, tais-toi et agis.

Un jour, un fermier se trouvait dans son jardin, il prenait un bain de soleil. Sa femme est sortie et lui a demandé ce qu'il faisait.

« J'attends que ça pousse, lui a-t-il répondu.

— Mais tu n'as encore ni biné, ni semé, ni arrosé ! lui a-t-elle dit.

— Toi, occupe-toi de tes affaires, lui a-t-il rétorqué, ça va pousser. »

C'est exactement ce que nous faisons.

LAISSE TOMBER

Je faisais la queue pour passer à la caisse. Il avait une présence incroyable. Un garçon vif et plein d'allant. Une trentaine d'années. Rayonnant. Il était à la caisse d'à côté, où travaillait une fille du même genre. Ils parlaient de tout et de rien. Je tendais l'oreille.

Pendant un court instant, je les ai perdus et j'ai raté quelques-uns de leurs échanges. La caissière lui a dit quelque chose et je l'ai entendu répondre, dépité : « Pff, non, laisse tomber… »

Comme si c'était sorti de la bouche d'un autre homme. Vide de toute énergie, déprimé, malheureux. Éreinté. Je me suis retourné pour le regarder. La posture de son corps avait changé du tout au tout. La tête basse, le dos soudainement voûté, les mains tournées vers le ciel, comme s'il demandait l'aumône. Il avait tout l'air d'un mendiant posté à un feu rouge. Il s'était transformé en une fraction de seconde.

Ça m'a fait de la peine. Et j'ai vu ce que nous nous faisons à nous-mêmes – sans le vouloir, mais surtout sans nous rendre compte de l'ampleur des dégâts que nous nous causons.

On appelle ça l'impuissance et je ne le souhaite même pas à mon pire ennemi. La cerise sur le gâteau, ce sont les expressions du genre : « Qu'est-ce que tu veux que j'y fasse… », « C'est comme ça… », « C'est pas grave… », « On n'en a rien à faire… », et toutes leurs petites cousines. Et Dieu sait que c'est une grande famille. Elles vont te vider plus vite qu'une chambre à air trouée. Elles pompent ton énergie comme des sangsues, tout ton optimisme, tout ton courage, tous tes rêves. Elles volent ta vie. Mettre du gazole dans un moteur à essence ferait moins de dégâts.

Quelques erreurs d'appréciation apparemment minimes, si elles sont répétées tous les jours, nous conduisent avec une précision mathématique à la catastrophe. Tu fumes une cigarette. Ça va, c'est pas une cigarette qui va te tuer, si ? Tu manges des cochonneries. Et alors, quoi, c'est un paquet de chips qui va te ruiner la santé ? Tu t'affales devant la télé. On n'a plus le droit de se détendre un peu ? Un régime ? Je commence lundi. Un livre ? Je suis vraiment crevé en ce moment. Une conversation avec ma femme ? Demain, c'est bien aussi. Le projet de ma vie ? Attends, on va d'abord laisser passer la crise.

Bien sûr que ton bateau sera en danger, une fois au large. Il y aura des coups de mer et des tempêtes. Sans préavis. Mais s'il y a bien une chose de sûre, c'est que s'il reste au port, il va pourrir. C'est garanti.

Je ne saurai jamais ce que la caissière a dit pour que ce jeune homme réponde : « Pff, non, laisse tomber… » Mais ce qui est certain, c'est qu'avec un « laisse tomber » par jour, ta vie tourne court.

Voilà une grande vérité :

« L'enfer, c'est quand, le dernier jour de ta vie,
celui que tu es devenu rencontre celui
que tu aurais pu devenir. »

Alors, on garde ses distances avec « laisse tomber ».
Et avec toute sa petite famille.

NICK

J'adore le centre-ville d'Athènes. J'ose même m'y aventurer avec ma Smart. Je trouve toujours à me garer. Passer une journée à Athènes, c'est une l'expérience à part entière. Aujourd'hui, j'avais un trou entre deux rendez-vous. J'avais faim et j'ai découvert un bon petit resto rue Skoufa. D'habitude, je ne fais pas d'infidélité à ma cantine préférée, mais c'était un cas de force majeure.

J'ai commandé des légumes farcis et je suis sorti me trouver une table sur le trottoir. Il y avait de la place. J'ai été attiré par une petite table calée dans un coin, à côté d'un couple de quinquagénaires bien comme il faut. Des gens discrets et civilisés. De bonne humeur, souriants. Ils se regardaient dans les yeux. Un couple sincèrement enviable. De ceux qui respirent l'amour. Nous ne nous sommes pas parlé. Je les observais simplement du coin de l'œil.

Ils avaient terminé leur repas et ils discutaient en chuchotant. Il y avait du bruit autour de nous et je n'entendais pas ce qu'ils disaient. À un moment donné, le patron du restaurant est venu les voir et ils lui ont parlé. Il s'est approché pour les entendre. Exagérément près. À cause du bruit, ai-je d'abord pensé. Et puis j'ai compris : ils étaient tous les deux muets. Ils pouvaient entendre. Mais pas parler. Ils communiquaient avec des sons inarticulés et des signes. Leurs visages cherchaient à être aussi expressifs que possible. Ils s'efforçaient de se rendre compréhensibles. Je ne sais pas si le patron a vraiment réussi à les entendre ou s'il a fait semblant pour ne pas les froisser. Ce qui est sûr, c'est qu'ils n'ont pas arrêté de sourire une seule seconde, mes deux voisins de trottoir.

Nous ne nous rendons pas compte
de la chance que nous avons.
Nous ne réalisons pas
à quel point nous sommes bénis.

Nous ne réalisons pas combien il est précieux d'avoir une voix pour parler et des oreilles pour entendre. Ce que c'est que d'avoir deux jambes qui marchent et deux mains qui attrapent.

J'ai découvert Nick Vujicic il y a plusieurs années. Il n'a ni bras ni jambes. Rien. Coupés à la racine. Il est né comme ça. Une tête et un tronc, rien de plus. On peut le trouver sur YouTube. Au début, c'est difficile à supporter. Par contre, dès qu'il commence à parler, c'est l'envoûtement. À la fin, on est tout simplement frappé par sa beauté.

Quand il était jeune, il a essayé à plusieurs reprises de se suicider. Heureusement pour nous, il n'a pas réussi. Aujourd'hui, il voyage à travers le monde et nous parle de la beauté de la vie. De son sens. Et de la gratitude.

« Toi, tu as peut-être des jambes et des bras, dit-il, mais si tu ne sais pas qui tu es, si tu ne sais pas quel est le but de ta vie, quelle est ta mission, si tu n'as pas trouvé ta propre raison de vivre, alors tu es probablement plus handicapé que moi, mon ami.

« Quand j'étais petit, je demandais aux médecins pourquoi j'étais comme ça et personne ne savait me le dire. Certaines choses sont comme elles sont, tu dois les accepter. Soit tu abandonnes, soit tu continues. Tu n'as pas d'autre option. »

Dans une vidéo, on voit Nick faire du trampoline avec son fils. C'est une vision émouvante. Plus loin, on le voit plonger et nager avec passion, avec ce soupçon de corps.

« Nous avons le choix d'être en colère à cause de ce que nous n'avons pas ou d'être pleins de gratitude pour ce que nous avons. J'entends des jeunes dire qu'ils n'aiment pas leur corps. Vous n'avez pas conscience de la chance que vous avez, dit-il en souriant.

« Si moi, je peux avoir des rêves, alors toi aussi, tu peux. » C'est la conclusion de son message. Tout le monde s'est levé et a applaudi avec émotion. Tout le monde se sentait grandi.

Mais le plus grand de tous, c'était Nick.

AH, MA PETITE GRÈCE…

Il barbotait paresseusement, un peu plus loin. De toute évidence, il était heureux. On aurait dit qu'il avait installé une petite pancarte NE PAS DÉRANGER à sa porte. J'ai eu envie de tenter ma chance. Je lui ai dit « Bonjour ». Il est sorti de sa torpeur. Il m'a rendu un joyeux « Bonjour ! ». Et puis, ça y est, il était parti, plus rien ne pouvait l'arrêter.

C'était un Grec. « Je vis en Russie. J'ai été obligé d'aller trouver du travail à l'étranger, pour nourrir ma famille. Nous sommes venus pour un mois de vacances. Je nage ici matin, midi et soir. Ça fait déjà vingt jours que nous sommes là, il nous en reste dix. C'est le compte à rebours. Là-bas aussi, on a la mer. La mer Noire. Rien à voir. Ici, c'est le paradis. Le soleil. Les eaux cristallines. La chaleur… » Et il a conclu avec un soupir que je n'oublierai jamais : « Ah, ma petite Grèce… » Et ses yeux se sont remplis de larmes. Les miens aussi.

Tant de choses nous semblent évidentes mais ne le sont pas… Notre pays, nos bras, nos jambes, notre voix, notre santé…

Et paf, le premier souci venu, nous faisons notre signe de croix et nous nous rappelons le passé. Comme nous étions heureux hier, quelle belle santé nous avions.

Mais nous ne le savions pas. Alors nous nous réjouissons un moment. Et puis nous oublions de nouveau.

Pourquoi ne pas célébrer ce que nous avons, maintenant que nous l'avons ?

Ça s'appelle la gratitude et c'est sans doute la plus importante de toutes les valeurs.

Je me souviens d'une histoire : un pauvre père de famille avait six enfants. Il vivait dans une toute petite maison. Ils y étaient à l'étroit. Un jour, il est allé voir le sage du village.

« Sage, nous n'avons pas de place… »

Le sage réfléchit un moment puis lui demande :

« Est-ce que tu as un chien ?

— J'en ai un.

— Fais-le entrer dans la maison.

— Mais, mon sage… Je n'ai même pas assez de place pour mes enfants.

— Fais ce que je te dis et reviens me voir la semaine prochaine. »

La semaine suivante, le père de famille retourne voir le sage.

« Comment ça s'est passé ?

— Encore pire. Le chien ne nous a pas laissé fermer l'œil de la semaine.

— Est-ce que tu as un chèvre ?

— J'en ai une.

— Fais-la rentrer, elle aussi.

— Mais, mon sage…

— Fais ce que je te dis. »

La semaine suivante, il retourne voir le sage.

« Comment ça s'est passé ?

— Terrible. Le chien et la chèvre n'arrêtent pas de se bagarrer.

— Est-ce que tu as une vache ?

— J'en ai une.

— Qu'elle rentre, elle aussi.

— Mais, mon sage…

— Fais ce que je te dis. »

La semaine suivante, il retourne voir le sage.

« Comment ça s'est passé ?

— Ça ne pourrait pas être pire. Tous les animaux se battent, la vache meugle et les enfants ne peuvent pas dormir.

— Écoute-moi bien, maintenant : tu vas faire sortir les bêtes et vous allez rester tout seuls. Tous les huit. »

Une semaine plus tard.

« Comment ça s'est passé ?

— C'est génial. Je ne pourrais rêver mieux, lui répond le père de famille, enthousiaste.

— Bravo », lui dit le sage.

Ne change plus rien.

ATTRAPER LA BALLE AU BOND

Au téléphone, elle m'a semblé un peu chamboulée. Au début, je me suis inquiété. Elle parle toujours calmement. Cette fois-ci, même sa respiration trahissait son agitation. Elle m'a tout dit d'un coup :

« Ça ne peut pas être un hasard. Quelque chose me disait que je devais appeler Anna [sa meilleure copine]. Je l'ai appelée et j'ai tout de suite entendu que ça n'allait pas. Pas du tout.

"Qu'est-ce qui t'arrive, mon chou ?

— Ça va mal.

— J'arrive.

— Non, ça ne va pas être marrant d'être avec moi. Ne viens pas." »

Elle y est allée immédiatement. Sa copine Anna était sans travail depuis un moment déjà. Financièrement, c'était très compliqué. Sa famille ne s'en sortait pas. Elle était au bout du bout. Tout à coup, le téléphone de mon amie a sonné. C'était son ami Vassilis.

« Au début, je me suis dit que je ne devais pas répondre. Il avait très mal choisi son moment. Mais quelque chose me disait que je devais décrocher. Il était très heureux. Il avait été embauché par l'entreprise X, au poste le plus important. Une entreprise dont l'activité correspondait exactement à ce que faisait Anna. Elle est excellente, dans son domaine. L'entreprise X recrutait et Vassilis était aux commandes. Et il me devait un service. Ça n'arrive pas par hasard ce genre de choses, si ? »

Ils ont immédiatement convenu d'un rendez-vous pour se rencontrer. Les choses n'arrivent pas sans raison. On parle de chance ou de coïncidence, mais ce n'est pas vrai. Chaque chose a une raison d'être. Et il y a un temps pour chaque chose. Comme si c'était planifié. Une dispute, un coup de téléphone, une discussion arrivent à cet instant précis pour te dire quelque chose. Si tu as un certain âge, tu te souviens sans doute des passes de Maradona à Burruchaga. Des passes parfaites. Des fois, tu en reçois toi aussi, des passes de ce genre. Attrape la balle au bond. Et une fois que tu l'as, ne la fais pas attendre trop longtemps. Elle va refroidir. Frappe-la, droit au but. Comme mon amie. Passe un coup de téléphone, fixe un rendez-vous, va rencontrer les gens.

Quelque part en toi, il y a un petit être
qui sait toujours ce qu'il faut faire.
Apprends à l'écouter.

C'est l'histoire d'un naufragé échoué sur une île déserte. Il est très croyant. Un jour, il voit arriver une barque.

« Tu veux que je te sauve ?

— Non, Dieu va me sauver », lui répond le naufragé.

Un autre jour, c'est un navire qui vient à lui.

« Veux-tu que je te sauve, mon brave ?

— Non, non, Dieu va me sauver », lui répond notre malheureux.

Une autre fois, c'est un hélicoptère qui passe au-dessus de lui. Le pilote le voit et atterrit.

« Tu veux que je t'emmène avec moi ?

— Non, Dieu va me sauver. Il ne m'oubliera pas. »

Au bout du compte, l'heure arrive pour le naufragé de rencontrer son Dieu :

« Mon Dieu, pourquoi m'as-tu oublié ? J'attendais que tu me sauves.

— Idiot, je t'ai envoyé du secours à trois reprises. »

EAU GAZEUSE

J'adore ça. Une marque en particulier. Depuis des années. Mes filles appellent ça de la « bulleuse ». Ça désaltère, ça tonifie, ça réveille. On vide les caisses de douze bouteilles en un rien de temps.

Il y a un inconvénient. Les ruptures de stock. Quand j'en trouve quelque part, je prends tout. Avec le temps, j'ai fini par trouver une supérette qui n'en manque jamais.

Ce matin, je suis passé les voir et je leur en ai commandé trois caisses. Trente-six bouteilles. Je leur déposerai mes bouteilles vides. Nous avons convenu d'une heure pour la livraison. Ils sont toujours ponctuels.

À 16 heures, on sonne. Je sais que c'est le livreur. Il entre dans la cour et trimballe les caisses. J'entends du bruit. Trente-six kilos, quand même. Il tarde à sonner à la porte de l'immeuble. Je descends lui ouvrir. Un jeune type, dans les trente-cinq ans. Un début de calvitie et une barbe de trois jours. Très à la mode, ces temps-ci. Des lunettes de soleil lui servent vainement de serre-tête. Il est en nage, fatigué, rincé, éreinté. Pas trop envie de bavarder. Ni moi, ni lui. Un peu brusque.

« Il y a un ascenseur ? »

Il n'a aucune envie que je lui dise non.

« Oui. Troisième étage. »

Il monte avec les bouteilles.

« Où est-ce que je les mets ? »

Je lui montre. Cette fois, il est totalement épuisé. Le souffle court. J'avais prévenu que je voulais payer avec ma carte bancaire. Elle est là, toute prête, avec deux euros de pourboire pour lui. J'ai bien failli lui donner deux euros cinquante, mais le bonus est resté coincé quelque part.

« Je vais devoir revenir, me dit-il, en essayant de cacher sa déception.

— Pourquoi ? (Je pose la question même si j'ai très bien compris pourquoi.)

— J'ai oublié la machine à CB. » Sa voix est presque inaudible. Il s'apprête à repartir. La tête basse. Quelque chose en moi me dit de le retenir.

« J'ai du liquide.

— Vous feriez ça ? » Il ne cache pas sa surprise.

« Bien sûr que oui. »

Nous sommes soulagés, tous les deux.

Il me donne le ticket.

35,40 euros.

Je lui tends un billet de cinquante.

Il prépare 14,60 euros.

Je lui prends le billet de dix.

« Le reste, tu le gardes pour toi. »

Il n'y croit pas. C'est trop beau pour être vrai.

Trois secondes plus tard, son visage s'illumine. Il se met à rire pour de bon. Comme quand tu gagnes au loto alors que tu croyais avoir touché le fond. Il me dit « merci », avec un sourire jusqu'aux oreilles.

« Tu veux un verre d'eau ?

— Non. Merci.

— Merci.

— Merci beaucoup. »

Il entre dans l'ascenseur et m'offre le plus beau regard dont je puisse me souvenir. La tête légèrement penchée, les yeux mi-clos, la main droite posée sur le cœur. Doucement. Il rit, de tout son être.

La porte se referme mais son expression reste.

Merci. Merci…

Je viens tout juste d'illuminer la journée d'un de mes semblables.

Je reste seul, des larmes d'émotion et de gratitude me mouillent les yeux.

À cet instant précis, il n'est pas impossible que je sois l'homme le plus heureux du monde.

Merci.

Merci.

FERME LES FENÊTRES

C'est mon homéopathe. Parfois aussi ma psychologue. Et un peu ma prof, quelque chose comme ça. Chaque fois que j'ai rendez-vous avec elle, j'en ressors plus sage.

Je suis allé la voir, une fois, il y a très longtemps. J'étais angoissé et je commençais à somatiser. J'avais dans la tête une centaine de trucs à faire. Elle m'a regardé en souriant, doucement et avec bienveillance, comme toujours.

Elle a tourné son ordinateur portable vers moi. Et elle a commencé à ouvrir une foule de fenêtres à l'écran. Sans arrêt. Au début, je ne comprenais pas ce qu'elle faisait. À un moment donné, l'ordinateur s'est bloqué. On est resté là, tous les deux, à regarder l'écran.

« Qu'est-ce qui te fait croire que ce n'est pas exactement ce qui se passe dans ta petite tête ? m'a-t-elle demandé. On ouvre sans arrêt des fenêtres et, à un moment donné, le système plante. Et on se demande pourquoi. On pense toujours qu'on peut tout mener de front. On a tort. » Je n'oublierai jamais ses paroles.

Nous vivons à l'ère du multitâche et de l'apparence. Mais notre vie intérieure est au point mort. Quand tu veux tout faire à la fois, tu finis par ne rien faire du tout. Ni fait ni à faire, comme on dit.

Parfois, j'ai l'impression que la technologie progresse et que nous, nous régressons, au lieu d'aller de l'avant. Nous sommes là, mais nous ne sommes pas présents.

Notre esprit se balade. D'un message à l'autre, puis sur Facebook, puis entre hier et demain. Finalement, nous ne sommes nulle part.

Le plus beau cadeau que tu puisses offrir à tes proches, c'est ta présence.

Lorsque tu es quelque part, sois vraiment là. Ne te disperse pas. Mieux vaut une seule heure que dix. Mais une heure où tu es là et seulement là. Durant laquelle tu vis pour une seule chose. Pour ton enfant. Pour ta femme. Pour un ami. Pour ton travail. Pour ton texte. Pour ton livre. Pour ce à quoi tu es en train de penser. Pour la chose que tu auras choisie. Oublie tout le reste. Ne respire que pour elle. Vis exclusivement pour elle. Consacre-lui tout ton être. Concentre-toi. Alors, et alors seulement, tu es présent. Ce n'est qu'à ce moment-là que tu l'honores. Et que tu honores la vie. Et toi-même, par la même occasion.

Deux pastèques sous le même bras, ça ne tient pas. C'est un vieux proverbe grec.

Maintenant on dit *singletasking*, c'est à la mode.

Autrement dit, ne fais qu'une chose à la fois.

J'ai l'impression que parfois les influenceurs ne font que copier la sagesse populaire.

Ils la traduisent en anglais, c'est tendance.

M. IOANNIDIS

Je l'adorais. J'ai « un petit quelque chose » pour le troisième âge. Entre du respect et de la déférence devant tant de sagesse. Les personnes âgées ont droit à une place d'honneur pour tout ce qu'ils nous ont apporté. Un peu comme des héros silencieux de la vie.

M. Ioannidis – je l'appellerai toujours comme ça – a été comme un deuxième père pour moi. C'est lui qui m'a appris mon métier. Lui aussi qui m'a appris la vie – il n'en perdait pas une miette. Cosmopolite. Dynamique. Aristocrate. Il n'était que sentiment. Que sourire. Il entrait quelque part et y laissait son empreinte. Et l'odeur de son eau de Cologne.

C'était un collègue à moi, quand je travaillais pour la chaîne Skaï. C'était lui qui s'occupait des grands clients. En fait, il s'occupait de petits clients et en faisait des grands. À sa façon, tellement unique. Avec persuasion et honnêteté. À force d'arguments et de musique. De raison et d'émotion. De confiance et de considération. Les clients l'adoraient. À lui tout seul, M. Ioannidis constituait une catégorie à part entière. Sa passion, c'était la musique. Dans sa collection, il avait des dizaines de milliers de chansons numérisées. Il utilisait un logiciel qu'il connaissait sur le bout des doigts. Mieux qu'un petit jeune de quinze ans. Il adorait graver et offrir des CD avec ses propres compilations et des textes fantastiques. D'Attic et Bebo à Sinatra et Aznavour.

Il n'arrêtait jamais de travailler. Même après avoir pris sa retraite. Chaque mois, il passait au bureau et nous bavardions. Nos âmes à l'unisson. Quand il venait, tout le monde passait le voir. Pour recevoir un peu de son éclat et de son exceptionnelle joie de vivre.

Il y a des années, j'ai reçu un coup de téléphone de Mme Nana, son épouse adorée. C'était une femme coquette, avec des lunettes très fines et des manières délicates. Sa voix tremblait. « Stefanos, a-t-elle dit, Nikos est parti… » Elle a brusquement éclaté en sanglots. Et moi avec elle.

Nous lui avons dit adieu au cimetière de Cholargos, un après-midi d'hiver ensoleillé. Comment dire au revoir à un homme si profondément lié à la vie ? Sans larmes. Seulement avec le sourire. Nous avons évoqué tout ce que nous avions vécu à ses côtés. Des souvenirs innombrables. Après le café, nous avons passé un moment tous ensemble et nous avons tout revécu. Nous avons ri de bon cœur. Sans la moindre retenue. Pour finir, Mme Nana et ses enfants se sont assis avec nous et nous avons passé un moment joyeux. Nous avons célébré sa vie. C'était peut-être notre plus belle journée avec lui.

J'avais alors promis à Mme Nana que nous continuerions à nous voir régulièrement, comme avant. Cela lui avait fait très plaisir. Mais ça ne s'est pas fait. Jamais.

L'autre jour, son fils Yorgos – son père tout craché – m'a appelé. Sur le coup, je n'ai pas répondu. Je l'ai rappelé plus tard.

« Comment vas-tu, Yorgos ? Tes enfants ? Ça me fait plaisir de t'entendre…

— Ça va, Stefanos, ça va bien. » Venant de cette famille, tu n'entendras jamais rien de négatif. « Mais j'ai de mauvaises nouvelles. Maman est décédée hier… Je suis allé à la maison et je l'ai trouvée endormie. Elle ne s'est jamais réveillée. »

Je suis resté sans rien dire.

« Stefanos, tu es là ?

— Elle est allée rejoindre ton papa, Yorgos », lui ai-je dit. Ma voix était presque inaudible.

« Oui, Stefanos, c'est ça. L'enterrement a lieu demain à 15 heures. Là où nous avons enterré Papa. »

Ne remets pas les choses au lendemain.

Moi, Mme Nana, je ne la reverrai plus.

Parfois, ce fichu « demain » n'arrive jamais.

LA PRUNELLE DE TES YEUX

Dimanche, début de soirée. J'ai écrit mes textes, j'ai fait mon footing et je vais sortir voir un film. Cinéma en plein air. Quatre étoiles. Tout seul. La combinaison gagnante.

Je ne suis pas sûr d'avoir le temps de prendre une douche après mon footing. Je me dis que je vais juste me changer et y aller comme ça. Mais il y a quelque chose qui me chagrine. Je réexamine la question. Ma décision est immédiate. Je vais prendre le temps d'une douche. J'entre dans la salle de bains et je prends soin de moi. Je m'essuie soigneusement. Je me regarde dans le miroir. Je suis exactement comme j'ai envie d'être.

Les vêtements, maintenant. Le temps presse. Ma tenue est prête. Le bermuda et le tee-shirt que je portais ce matin sont sur un cintre. Un peu froissés, mais propres. Je m'apprête à enfiler tout ça. Sauf que non, changement de plan. J'ouvre le tiroir, j'enfile un bermuda fraîchement repassé. C'est agréable. J'ouvre l'armoire, j'enfile un de mes tee-shirts propres. Impeccable. Ces fringues sont chouettes, séparément, mais les deux ensemble, c'est vraiment extra. On dirait un petit couple le jour de leur premier rendez-vous.

Bien, les chaussures maintenant. Il y a celles avec lesquelles je cours. Elles sont là, près de la porte. Mais, là aussi, objection. Je vais sortir ce que j'ai de mieux. C'est comme ça qu'on dit, quand on est tendance. Je jette un petit coup d'œil dans le miroir. Je suis prêt. Mais nous sommes fin septembre, c'est une des dernières soirées de l'été. Et si jamais il faisait un peu frais ? Je devrais prendre un pull, au cas où. Je glisse un billet de vingt euros dans ma poche et je suis prêt. Mais, là encore, changement de scénario. Finalement, ce sera cinquante euros. Si jamais j'avais envie de jouer les flambeurs ? Je ne vais quand même pas me retrouver sans rien à m'offrir ? Je monte dans ma Smart et je fonce. Je me regarde dans le rétro. Beau gosse.

J'arrive au cinéma cinq minutes avant le début de la projection, juste le temps de trouver une bonne place et de voir les bandes-annonces. Je m'offre un soda. Je m'assieds et je profite. Je n'arrête pas de sourire.

Prendre soin de toi, c'est ce qu'il y a
de plus important. Pour te sentir beau.
Pour sentir que tu comptes.
Que tu mérites tout ça.

Sentir que la personne la plus importante de ta vie prend soin de toi et t'honore, ça n'a pas de prix.

En général, à notre « soi », nous n'accordons que des miettes. Dans tous les domaines. C'est ce que je faisais, moi aussi. Et mon pauvre « soi » ne s'est jamais plaint. Il ne m'a jamais rien dit. Mais je sais à quel point il est fier, maintenant, quand je fais attention à lui. Quand je lui montre combien je l'apprécie et combien je l'aime. Il jubile.

Le film est magnifique. À l'entracte, je vais aux toilettes. Devant moi se trouve un homme d'un certain âge.

Très digne. Je sors le premier des toilettes. Il y a deux lavabos. Je prends celui de droite. Le monsieur sort de mon côté. Je lui cède le lavabo de droite et m'en vais à gauche. Je laisse couler l'eau pour lui faciliter les choses. Je lui souris. Il me rend la pareille et me remercie.

« Beau film, lui dis-je.

— Très beau… répond-il.

— Bonne soirée, dis-je en partant.

— À vous aussi.

— Prenez soin de vous », lui dis-je pour finir.

La prunelle de tes yeux, c'est toi-même.

HARCÈLEMENT

Certains parents me rendent dingue. Ils m'ont toujours rendu fou, mais depuis que j'ai des enfants, c'est encore pire.

Certains ont choisi de vivre à travers leurs enfants. Ils les manipulent de la pire manière qui soit, mais, entre semblables, ils se considèrent comme des parents exceptionnels. S'ils ne les respectent pas, c'est qu'au fond, ils ne se sont jamais respectés eux-mêmes. Ils leur font affronter leurs peurs parce qu'ils n'ont pas assez de tripes pour faire de même. Au lieu de repartir de zéro dans leur vie, ils trimballent leurs enfants du soir au matin, de la danse à la piscine, du karaté au gymnase, ils ont des idées sur les sports que leurs mômes vont pratiquer et s'énervent quand les principaux intéressés ne sont pas d'accord. Ils ont des idées sur les vêtements qu'ils vont porter, sur les matières qu'ils vont préférer, sur les émotions qu'ils vont ressentir, sur les histoires d'amour qu'ils vont vivre, sur la carrière qu'ils vont construire et enfin sur la vie qu'ils vont vivre – si jamais ils arrivent à vivre, les pauvres petits.

Ils choisissent les amis de leurs enfants en fonction de leurs propres affinités avec leurs parents. Ils choisissent pour eux, en leur cachant tout bonnement les options « indésirables », quelles qu'elles soient. Ils choisissent ce qu'ils vont manger, à partir de quelle température ils vont avoir froid, avec qui ils vont bien s'entendre. Quand leurs enfants essaient désespérément d'exprimer leurs sentiments les plus importants, ils font mine d'être absents, même s'ils sont là. Ils profitent de leur capacité à user d'un vocabulaire plus riche que celui dont disposent les plus jeunes pour réduire leur petite âme au silence.

Même quand leurs enfants ont quarante ans, ils continuent de les violenter et de piétiner consciencieusement leur existence, comme quand ils avaient quatre ans. Sauf imprévu, ces « enfants » ne seront toujours pas sur pieds à cinquante ans, ils n'auront toujours pas vécu leur propre vie. Quand ils réaliseront – s'ils le réalisent un jour – combien leurs parents sont toxiques, ils ressentiront une immense colère envers eux et ces derniers, décontenancés, se demanderont pourquoi. Simplement pour survivre, mon vieux.

Mais là où je pète littéralement un plomb, c'est quand l'un d'entre eux – oui, un de ceux qui détruisent leurs enfants en permanence – panique parce qu'il vient d'apprendre que son petit a été victime de « harcèlement », parce qu'un autre gosse lui a fait un vilain croche-patte à la récré. Il sort de ses gonds et s'en prend aux instituteurs et aux professeurs, à l'école, aux autres parents, au ministère de l'Éducation nationale, au Premier ministre… Il n'arrive pas à digérer l'idée que le plus impitoyable des « harcèlements » que subit l'âme de son enfant, c'est celui qu'il lui inflige lui-même, involontairement, mais systématiquement.

Lors d'un discours, un fabuleux enseignant nous a engagés à traiter nos enfants comme des « êtres de valeur humaine équivalente ». Mais il faut des tripes, pour ne pas dire autre chose, pour refuser ce que tu crois être la solution facile – c'est-à-dire de vivre au-dessus ou, pire encore, à travers tes enfants.

Les enfants ont besoin de parents qui éclairent leur chemin mais qui ne les dirigent pas.

Ou, au moins, qui ne leur mettent pas de pression pour qu'ils suivent le chemin « le plus indiqué ».

Des parents qui vont soutenir leurs choix conscients, même quand ils y seront opposés. « Vos enfants ne sont pas vos enfants, a dit le sage Gibran. Ils voient le jour à travers vous mais non pas à partir de vous.

« Et bien qu'ils soient avec vous, ils ne sont pas à vous.

« Vous pouvez leur donner votre amour mais non point vos pensées.

« Car ils ont leurs propres pensées. »[1]

Dans la célèbre scène du film *Philadelphia*, un peu avant le procès, Andrew Beckett, le personnage joué par Tom Hanks, prépare ses parents aux moments difficiles qui vont suivre, au tribunal. « Rien de ce qui pourrait être dit ne nous ferait changer d'avis : nous sommes extrêmement fiers de toi, mon fils », lui dit son père. « Nous n'avons pas élevé des enfants pour qu'ils restent assis au fond du bus », lui dit sa mère avec fierté. « Je vous aime », répond Andrew Beckett, ému aux larmes.

Voilà le genre de parents dont nous avons besoin.

1. Khalil Gibran, *Le Prophète*, Pygmalion, 2021, page 49.

LAISSE OUVERT

Je suis en train d'écrire un texte pour ce livre. Passionnément et avec amour. Je n'arrête pas une minute. Tout à coup, mon téléphone sonne. J'ai reçu une photo. C'est ma fille qui me l'a envoyée. Elle est avec sa mère. Elles font du baby-sitting, elles gardent sa petite cousine. La photo est accompagnée des paroles de *L'Écume de la mer*. C'est la chanson avec laquelle je l'endormais quand elle était bébé. Elle me regardait, avec ses petits yeux pleins de larmes et, moi, je chantais. Elle était aux anges quand elle l'entendait. En un rien de temps, elle fermait les yeux et gardait ma main serrée sur son petit ventre. Et elle s'endormait. Ce sera toujours notre chanson. Celle qui nous unira jusqu'à la fin. Et au-delà…

Maintenant, elle a neuf ans. Elle est retombée dessus par hasard. Elle s'est souvenue de tout ça et a voulu le partager avec moi. Je ne la vois plus tous les jours. Ni elle ni sa petite sœur. Mais tous les jours nous nous réveillons et nous nous endormons ensemble. Quelque part au fond de moi. Dans un endroit secret. Je les aurai toujours avec moi. Même quand elles auront grandi. Où qu'elles aillent. Où que j'aille…

Je relis les paroles. Et je me rappelle ces moments magiques où je chantais pour elle. Et je sens quelque chose se mettre en mouvement à l'intérieur de moi. Quelque chose de très fort. Mes yeux se mouillent de larmes. Mon âme aussi. Je ressens ce qu'a dû ressentir ma petite fille en lisant ce refrain. Nous ne faisons plus qu'un. J'envoie ces mots à mon papa, avec mes petites mains. Je ne fais plus qu'un avec son bonheur de les lire. Pendant un court instant, je suis elle.

Je m'abandonne à l'émotion. Je la laisse m'envahir. J'en profite. Je sais bien désormais que c'est tout ce que j'ai. Il n'y a que ça que je puisse choisir. Je deviens l'émotion. Je la laisse voyager à travers tout mon corps. Sans sens interdits. Sans itinéraires obligatoires. Sans limitation de vitesse. Je sais que jamais plus, dans ma vie, je ne ressentirai à nouveau la même émotion.

Ça n'a pas toujours été le cas. Avant, je m'en cachais. J'avais honte.

Nous, les mâles, nous naissons
avec une malédiction. Il ne faut pas pleurer.
Il faut être fort. Allez vous faire voir !

Heureusement, maintenant, je sais.

Celui qui est fort, c'est celui qui est vulnérable.

Celui qui pleure.

Celui qui craque.

Celui qui, parfois, ne peut pas.

À l'époque, ma grand-mère laissait toujours sa porte ouverte. Elle ne la fermait pas. Elle ne la verrouillait pas.

Ses amis entraient. Le vent entrait. La vie entrait.

C'est comme ça que j'ai décidé de vivre la mienne, de vie.

Avec les volets ouverts.

Pour laisser entrer le soleil.
Pour qu'il me réveille.
Pour qu'il me réchauffe.
Prends soin de toi, ma petite fille adorée.

LE VOLEUR

Certains d'entre nous ont peur des voleurs. Peur qu'on leur prenne leur argent, leur maison, leur voiture, leurs enfants, tout ce qui leur passe par la tête.

Mais il existe un autre genre de voleur. Bien différent. Plus sournois et beaucoup plus dangereux. Celui que nous avons en nous. Lui, c'est un vrai pro. Il nous dépouille, tous les jours. Sans faire de bruit. Il nous pique nos rêves, notre optimisme, notre joie, notre inspiration, notre discipline, notre énergie. Il nous vole notre vie.

Nous ne faisons qu'un avec lui et nous ne le remarquons pas. Il habite là, à l'intérieur. Comme un virus qui s'est installé dans un ordinateur et qui fait son travail tranquillement et efficacement. Comme un termite. Qui ronge le bois, sans bruit, sans pitié.

C'est un conte indien. Un vieillard parle à son petit-fils. « Tu as deux loups en toi, lui dit-il. L'un est mauvais. Il est la colère, la jalousie, la tristesse, la déception, la cupidité, l'arrogance, l'apitoiement sur soi-même, la provocation, l'infériorité, la fatalité, la prétention, l'égoïsme. L'autre est bon. Il est la joie, la paix, l'amour, l'espoir, le calme, l'humilité, la gentillesse, l'humanisme, la compassion, la générosité, la miséricorde et la foi en Dieu. » Son petit-fils l'écoute avec attention. À la fin, il lui demande : « Quel loup va l'emporter ? » Le vieux réfléchit un moment et lui répond : « Celui que tu nourriras le plus. »

Chaque loup a sa nourriture préférée. Le mauvais loup adore les longues heures passées devant la télé, les réseaux sociaux hors de contrôle, tout ce qui ne nous regarde pas, le bavardage du mental, la critique, l'envie, les ragots, les jérémiades, le mensonge, la rancœur, les gens toxiques, la malbouffe, le manque de sommeil, la routine, les bonnes planques, la paresse, les préjugés, le voyeurisme, les « laisse tomber ». Le bon loup se nourrit de qualités et de bonnes habitudes. L'amour, la politesse, la gratitude, l'estime de soi, le sourire, la concentration, l'action, le développement constant, la vérité, la cohérence, l'exercice, le mouvement, l'eau en abondance, les profondes respirations, les bonnes postures, les réveils matinaux, la bonne organisation, le travail sérieux.

Nourrir le mauvais loup en pensant
qu'il ne grandira pas revient à manger
un gâteau à la crème en espérant maigrir.

Occupe-toi de nourrir le bon loup. Il se chargera du voleur.

C'est ça, ton boulot à toi.

LA MAÎTRE-NAGEUSE

De loin la plus belle. Sans aucun doute la plus impressionnante. Un style impeccable, un corps magnifique et, cerise sur le gâteau, ce large bandeau retenant ses longs cheveux. Impossible de ne pas la remarquer. La seule ombre au tableau : une confiance en soi frôlant le narcissisme.

C'était notre dernier jour à l'hôtel et nous aurions dû être partis depuis un bon moment déjà pour arriver à l'heure. Mais je ne suis pas très bon pour refuser les petits plaisirs et mes filles le savent très bien.

À la suite d'une délibération accélérée, l'aînée s'est vu adjuger deux ou trois descentes de toboggan supplémentaires.

La belle maître-nageuse était à son poste. Elle était en pleine discussion avec un collègue, mais on voyait bien que rien ne lui échappait. Pendant toute la descente de ma fille, elle se pavanait, arrangeait ses cheveux, replaçait son bandeau fétiche. Elle les rassemblait, les lissait, les rassemblait de nouveau avec soin, en faisait tout un spectacle. Et elle recommençait. Il y avait bien longtemps qu'elle avait fait exploser le plafond de l'auto-suffisance. Elle ne vivait que pour elle-même.

Agacé, je continuais de l'observer. Comme une langue qui ne peut se résoudre à laisser tranquille un aphte obsédant. Et allez, elle faisait la belle et, moi, je m'énervais.

Ça devait être la dernière descente en toboggan. La petite essayait d'apercevoir sa grande sœur mais n'y arrivait pas. La maître-nageuse avait remarqué son envie. Je ne sais pas comment, puisqu'elle n'avait pas tourné la tête vers nous. D'un mouvement plein de tendresse, elle s'est penchée vers elle et l'a prise dans ses bras. J'ai halluciné. Elle l'a soulevée avec précaution et l'a fait monter sur le muret pour qu'elle puisse regarder. En toute sécurité. Comme si elle avait été avec son papa. Ma fille était surprise, elle aussi, mais elle ne l'a pas montré. Elle était concentrée sur sa sœur. Elle est restée dans ses bras quelques secondes. À la fin de la descente, elle s'est tournée vers la sauveteuse et lui a souri. Pleine de gratitude. La jeune femme l'a reposée par terre et lui a fait un petit câlin. La petite est restée à la regarder un moment. Heureuse et impressionnée.

La belle maître-nageuse m'a adressé un sourire discret. Que je lui ai rendu.

La fatigue de ma longue journée venait de s'évaporer.

Je me suis assis dans un coin et je me suis mis à rire tout seul. J'ai récupéré les filles et nous sommes partis.

Je me suis alors souvenu d'un excellent conseil que j'avais lu quelque part :

« Ne me juge pas uniquement parce que mon péché est différent du tien. »

LE BATTEUR

Je l'avais déjà vu sur scène. Il ne porte que du noir. Une coupe de cheveux appropriée. Des lunettes de soleil sur la tête jusqu'au cœur de l'hiver. Rien de très surprenant, pour un batteur. Mais je ne l'avais jamais vu comme ça. Aujourd'hui, je suis tombé sous son charme. Il m'a envoûté. Pendant les trois minutes qu'a duré son solo, j'étais ailleurs. Je ne sais pas où. Avec lui, sans aucun doute.

C'était la petite fête de fin d'année de l'école des filles et nous avions été invités à venir profiter de la musique.

Il est monté là-haut sans faire de bruit. Souple comme un chat. Il a pris place sur le tapis en caoutchouc et il s'est mis à jouer. Le son de la batterie a pris de l'épaisseur, de l'ampleur. Et moi avec. Pendant trois minutes, il avait le regard fixé quelque part, dehors. En pleine extase. Je ne sais pas ce qu'il regardait, mais il était au paradis. Une part de lui y était. L'autre part était là, avec nous. Il s'est scindé en deux avant de redevenir Un. Un « Un » inimitable.

Le final approchait, la culmination aussi. Comme en amour, quand on pressent son arrivée. Quand une moitié de nous la désire comme un fou et que l'autre moitié tremble à l'idée que tout se termine.

Et le batteur a terminé. Nous l'avons applaudi mais il n'entendait rien. Il continuait de fixer le paradis. Comme si quelque chose en lui disait : « Je suis prêt. Viens quand tu veux. »

Certaines personnes ne savent pas vivre autrement. Elles vivent tout au centuple. La joie comme la peine. Parce que la peine aussi vaut d'être vécue. Si on ne t'a pas appris à poivrer, on ne t'a pas non plus appris à saler. Ces gens-là savent mourir, mais ils savent aussi ressusciter. Ils savent tout donner. Quitte à se retrouver sans rien.

Ils détestent la vie tiède. Ils aiment que l'eau soit glacée, même en plein hiver. Ils n'ont pas peur de perdre quoi que ce soit, parce qu'ils ont tout à l'intérieur. Ils ne sont pas là pour se la couler douce. Ils sont là pour tout donner. Ils montent dans les tours et tant pis pour les excès de vitesse. Ils savent mourir pour leur passion. Mourir sur scène, ou derrière un microscope, ou la plume à la main. Partout. Pour eux, ce n'est pas la mort. C'est la vie.

Ça s'appelle la passion.

Une vie sans passion ne vaut pas
la peine d'être vécue.

C'est comme si tu avais une voiture mais pas le permis.

PARLE-TOI

Si l'on m'avait donné ce conseil il y a quelques années, je me serais marré. Peut-être même que je l'aurais pris de haut. Mais il faut toujours essayer. Quand j'étais petit, je n'aimais pas les artichauts. C'est devenu mon légume préféré. Alors j'ai appris à laisser la nouveauté entrer dans ma vie.

La première fois que j'ai entendu parler des affirmations positives, c'était dans un livre de Louise Hay. Une affirmation positive, c'est une chose que tu te dis à toi-même. Que ce soit à voix haute ou intérieurement. Que tu en sois conscient ou non. Chaque jour, notre cerveau produit quarante mille pensées. Une toutes les deux secondes. La plupart d'entre elles sont inconscientes, et bien souvent négatives. À l'âge de dix ans, un enfant a déjà subi des milliers d'heures d'endoctrinement. À la maison, à l'école, à la télé. Tous les « non » et les « il ne faut pas ». C'est ça, la graine. Elle germe. Puis elle grandit. Et elle finit par produire des fruits. Un toutes les deux secondes.

Tous les parents soutiennent leurs enfants. Depuis le premier pas, depuis le premier petit mot. Ensuite, pour la plupart, ils les sabotent rapidement. Sans le faire exprès. Comme ils ont eux-mêmes été sabotés. « Fais attention », « Tu vas tomber », « Ce n'est pas pour toi, ce genre de choses », et ainsi de suite. Ils installent à leurs enfants le pire des virus : l'impuissance acquise. Eux aussi, on le leur a installée. Même s'ils ne sont pas des ordinateurs. Et l'enfant les croit. Il a l'impression qu'il ne peut pas. Qu'il n'est pas maître de sa vie. Qu'il ne vaut rien. Il ne s'aime pas. Il en a après lui-même. Et après la vie. Sans raison.

Au final, notre cerveau a besoin d'un nouveau système d'exploitation. Parce qu'il rame.

Les affirmations positives sont notre nouveau logiciel. La nouvelle histoire que nous nous racontons.

Celle qui agit dans notre intérêt. Pas celle qui nous dessert.

Tes affirmations positives sont ta nouvelle vérité. Tu te plantes devant le miroir et tu te dis de belles choses. Très souvent. Encore et encore. Jusqu'au moment où tu y crois. Ça va prendre des mois. Peut-être même des années. Parce que c'est ce qu'il s'est passé avec les pensées négatives. Idéalement, les affirmations positives se font de bon matin, au réveil, et le soir, juste avant de s'endormir. On sème à l'heure où le sol est léger. Les affirmations positives se font au présent et sont toujours bénéfiques. Elles ne concernent que toi. Tu ne peux pas paramétrer le logiciel des autres.

Avec mes filles, nous faisons des affirmations positives depuis des années. Le « Je suis PRÉCIEUX » en fait partie. Cent fois. Matin et soir. Plus tu le dis, plus tu le crois. Et plus tu le crois, mieux tu te sens. L'affirmation positive, c'est une graine. Il faut l'arroser et en prendre soin, pour qu'elle germe et se développe. Lui apporter de l'engrais. Et le meilleur engrais, c'est l'action.

Quand elle avait six ans, la plus jeune de mes deux filles m'a dit : « Eh, Papa, tu sais ce qu'il se passe quand je dis beaucoup de fois "Je suis précieuse" ?

— Dis-moi.

— Je souris. Sans le faire exprès. »

Voilà ce que fait l'affirmation positive.

Elle fait sourire ta petite âme.

Sans le faire exprès.

LE PAKISTANAIS

Un midi sur l'avenue Alexandra. Je marche sur le trottoir et un véhicule s'arrête à côté de moi. C'est un tricycle motorisé qui, curieusement, ne fait pas le même vacarme que tous ceux qui sillonnent Athènes à longueur de journée, à la recherche de matériaux en tout genre. Il en sort un Pakistanais à l'apparence soignée. Il a arrêté son tricycle avec précaution, près d'un bac de recyclage, les feux de détresse allumés, et de manière à ne pas gêner la circulation. Il est bien coiffé et très correctement habillé. Il porte un pantalon et une chemise propres. Ses chaussures sont impeccables. Il se dirige à pas réguliers vers le bac de recyclage.

Il a piqué ma curiosité. Je m'arrête et je l'observe. Il ouvre tranquillement le couvercle. Du regard, il inspecte en détail les différents matériaux qui se trouvent dans le bac et ne récupère que les cartons. Il sort un cutter de sa poche et l'utilise pour couper avec précision les bandes adhésives désormais inutiles. Il les décolle soigneusement comme s'il voulait ne pas abîmer le carton. Ensuite, avec beaucoup de patience, il plie les boîtes en carton afin qu'elles prennent un minimum de place et les entasse les unes sur les autres dans un ordre parfait. Il les met de côté. Lorsqu'il en a empilé un nombre suffisant, il les attache méticuleusement en paquets réguliers avec ce fameux ruban bleu en plastique rigide. Il en fait une pile. Toujours avec une précision chirurgicale.

Je l'admire. Il m'a littéralement magnétisé. Il fait partie de ces créateurs qu'il suffit de regarder travailler pour comprendre tout l'amour qu'ils portent à ce qu'ils font.

Ensuite, il dispose soigneusement tous ces paquets identiques à l'arrière du tricycle. Étant donné le soin qu'il apporte à leur chargement, on pourrait vraiment croire qu'il s'agit de la cargaison la plus précieuse du monde. Le résultat final est exceptionnel – ça mériterait une photo. Je n'ose pas le photographier, j'ai peur de le gêner. Pour finir, il referme soigneusement le couvercle du bac, attache ensemble tous les paquets à l'arrière du tricycle, toujours aussi impeccablement. Il s'assied au volant et éteint les feux de détresse. Il s'insère avec prudence dans la circulation et descend l'avenue. Puis je le vois de nouveau se garer prudemment auprès du bac suivant, un peu plus bas, exactement comme un bateau pirate approcherait sa cible, dans un alignement parfait.

Je reste immobile pendant un moment pour ressentir ce que cette scène m'a apporté. Je suis en pleine extase. J'en ai bien profité, mais j'aurais voulu que ça dure un peu plus longtemps. Le gars fait ce travail comme si c'était la chose la plus importante du monde. Il adore littéralement ce qu'il fait et c'est pour ça qu'il est excellent. Presque parfait. Le Pakistanais a volé mon cœur.

J'aurais aimé avoir filmé cette scène en détails pour pouvoir la partager. Je l'aurais montrée à mes filles, à mes amis, à mes associés, à mes connaissances et à des inconnus, au monde entier. Le titre : « Comment réussir ». Le matin, habille-toi correctement, où que tu ailles.

Aime et respecte ce que tu fais, mais surtout aime-toi et respecte-toi.

Fais ce que tu as à faire comme si c'était la chose la plus importante au monde, même si ce n'est pas le cas.

Sois complètement concentré, comme si, autour de toi, tout le reste avait disparu. Fais les choses avec amour et passion, comme tu ferais l'amour avec ta bien-aimée. Fais-le comme si tu étais le meilleur au monde, que tu sois fouilleur de poubelles, éboueur, marchand de journaux ou Dieu sait quoi. Fais-le avant tout pour toi-même, pour te sentir bien, et ensuite pour que tes collègues et tes clients soient satisfaits. Pour laisser, à chaque fois, le monde un peu meilleur que tu ne l'as trouvé…

Comme ce Pakistanais. Avec sa tenue soignée.

Et ses chaussures impeccables.

L'ÂME GRECQUE

Ce n'est peut-être pas mon meilleur ami, mais c'est un très bon copain. Je l'apprécie beaucoup et c'est réciproque. J'avais des choses à faire à Athènes tout près de son bureau. Je l'ai appelé juste avant de passer le voir. Ça lui a fait plaisir que je vienne et il me l'a montré. Il travaille dans une entreprise qui marche bien, peu importe laquelle. Il m'a accueilli chaleureusement. Il est salarié dans cette entreprise – ce n'est pas lui le patron. Nous avons passé un moment dans son bureau puis il m'a proposé d'aller boire un café dans le quartier.

En partant, il a pris quelques produits de l'entreprise, avec l'accord de sa responsable, pour que je les donne à mes filles. Ça m'a surpris. Ce n'était pas seulement un ou deux articles, il y en avait une bonne quantité. Il les a pris sur ce à quoi il a probablement droit, en tant qu'employé, pour son propre enfant. Autrement dit, il en a privé son propre môme pour les offrir aux miens. J'ai refusé catégoriquement. Mais il a persisté, avec cette insistance typiquement grecque qui trouve sa source dans le besoin de partager qu'éprouve celui qui donne. Ce « besoin de l'âme ». Il ne m'a pas laissé le choix. Je l'ai remercié chaleureusement. Son geste m'a ému et profondément touché.

Nous sommes arrivés au café. Il m'a demandé ce que je désirais boire et, dès le premier instant, il était clair qu'il m'invitait. Il est allé passer la commande lui-même, puis il me l'a apportée ou, plus exactement, il me l'a servie. Comme si nous étions chez lui. C'est ce que j'ai ressenti. Nous avons beaucoup parlé de mes projets. Il ne se contentait pas seulement de m'écouter – il s'intéressait vraiment à ce que je lui racontais et cela se voyait. Il m'a donné des conseils à plusieurs reprises, comme s'il était mon associé. Il avait un besoin intérieur de le faire, un besoin très profond. Finalement, l'addition est arrivée et, bien évidemment, il a refusé que je paye. « Pas chez moi », m'a-t-il dit. La générosité n'est pas une question d'argent.

Tu me diras, ce n'était rien de bien important. Pour moi, ça l'était. Ça m'a profondément ému. C'est ça, l'âme grecque. Ceux qui ont voyagé ou vécu à l'étranger savent que ce n'est pas si commun. Nous appelons ça l'hospitalité mais, en réalité, c'est de l'amour. De l'amour désintéressé, un amour qui ne demande rien en retour mais qui répond au seul besoin d'offrir. Pas pour recevoir quoi que ce soit en retour, juste pour donner.

Il y a bien des années, nous avons reçu à Athènes la visite d'un Anglais qui avait été notre professeur lorsque nous étions en master. Il nous a raconté une histoire que je n'oublierai jamais : il était en vacances en Grèce avec sa compagne. Ils se promenaient dans le centre historique d'Athènes et cherchaient un restaurant. Ils ont abordé un Athénien tout ce qu'il y a de plus local et lui ont demandé comment s'y rendre. Le type ne s'est pas contenté de leur donner des explications, il les a accompagnés jusqu'au restaurant. Après l'avoir remercié, ils l'ont aperçu en train de parler au restaurateur. À la fin du repas, quand ils ont demandé l'addition, le restaurateur leur a annoncé que le type avait déjà réglé le vin.

Notre professeur n'en revenait pas. Il nous a dit que cela ne lui était jamais arrivé ailleurs qu'en Grèce. En terminant son récit, il nous a dit :

« Elle est là, toute la grandeur du peuple grec.
Ne perdez jamais ça ! »

C'est ce que m'a rappelé ma rencontre avec mon ami, cet après-midi, dans le centre d'Athènes.

TON MERDIER

Là, c'est du lourd. L'histoire commence par ces ratures rouges dont la maîtresse remplissait nos cahiers à l'école primaire. Si rageuses qu'elles étaient visibles de l'autre côté de la page. Si ton devoir avait été un tableau, le rouge aurait été la couleur dominante. Et ton écriture une simple décoration.

En grandissant, on dirait que ce rouge s'est incrusté jusque dans notre âme. Comme ça arrive dans les salles de cinéma. Quel que soit le film, cette petite tache rouge apparaîtra toujours, parce que c'est le projecteur qui est abîmé.

Ce coup de stylo rouge fait partie de ta vie. Au même titre que ton projecteur. Que tu le veuilles ou non. Tu peux bien faire des pieds et des mains, une vie sans encre rouge, ça n'existe pas. L'encre rouge vient d'abord de ta mère, puis de la maîtresse, puis du voisin, puis tu te débrouilles tout seul. Accepte-le et tu te sentiras mieux. Aime tes erreurs et tu seras sauvé.

Ta maison a deux portes. Comme ta vie. Il y a la belle porte, celle par laquelle tu fais entrer tes invités, et l'autre, celle que tu négliges, par laquelle tu sors les poubelles. Les deux sont à toi. N'oublions pas que la belle porte doit toute sa superbe à la seconde. Sors un peu tes poubelles puantes par le salon et tu vas comprendre.

Tu ne seras complet que quand tu accepteras tes gribouillis. Ta part d'ombre, comme l'appellent les spécialistes. Ton merdier. Il fait partie de toi et il en fera toujours partie. Tu n'y échapperas pas. Plus tu l'enfouiras profondément, plus il empestera. Le fumier, on l'étale à la surface. Au début ça pue, mais après ça devient le meilleur des engrais.

Pour les bons moments, nous répondons tous présents. Mais le vrai sel de la vie, c'est le merdier. Les champions adorent leur merdier. Ils en parlent, ils le partagent, ils lui font prendre l'air. Ils ne le planquent pas. Ils savent qu'il n'appartient qu'à eux. C'est pour ça qu'ils le respectent. Et qu'ils l'aiment.

Les grands de ce monde sont devenus grands parce qu'ils ont appris à aimer leur merdier. C'est ce qui a fait d'eux ce qu'ils sont devenus.

Avant de sortir son merdier, Picasso était un bon peintre. Ensuite, il est devenu ce qu'il est devenu. Quand il s'est mis à recevoir ses invités par la porte de service. Pareil pour Dalí, pour Lautrec, pour Van Gogh et pour tous les génies passés et à venir.

Ça commence à bien faire, la vitrine de Facebook et les mises en scène. Tu te connectes et tu ne vois que des bouilles réjouies, des visages éclatants, à croire qu'on vit tous à Hollywood. Une immense vitrine. Où il est, votre merdier, les gars ? Où est votre douleur, où est votre colère, où sont votre impuissance, vos péchés, vos défauts, votre insuffisance ? C'est ça, le vrai courage. C'est avec ça que tu dois meubler ta maison. Pour toi-même. Les autres, laisse-les. Il n'y a que comme ça que tu feras de ta maison un endroit unique. Parce que tu seras toi-même.

Tu es là pour ça. Pour aimer ton merdier. Prends-en conscience.

Le Christ l'a dit : « Que celui qui n'a jamais péché lui jette la première pierre. »

C'est sans doute de ça qu'il voulait parler.

LE BONHEUR

Une de mes habitudes préférées, c'est de me réveiller très tôt. Dès que je me réveille, je sors courir. Ensuite, si je suis au bord de la mer, je pique une tête. Été comme hiver. Un nouveau baptême. Une renaissance. Le reste de ma journée, c'est un paradis. Comme ma vie.

Je les trimballe avec moi, mes habitudes. Où que j'aille. Elles sont en moi. C'est pratique, ça ne prend pas de place dans les valises. Mon réveil matinal. Le jogging. La nage. Les respirations. La méditation. Le journal de bord. La lecture. Les bonnes actions. Une bonne alimentation. Le partage. Elles sont toutes là, avec moi.

Hier, après ma petite course rituelle, je suis allé à la mer. En général, à l'heure où j'y vais, je suis tout seul. Pas hier. À côté de moi se trouvait une belle femme. Jeune. Elle jouait dans les vagues. Comme le ferait ma plus jeune fille. Elle sautait et se laissait emporter. Elle portait un joli maillot de bain et ses cheveux mouillés volaient dans le vent. Elle lui faisait face. Pleinement heureuse. J'étais fasciné. À un moment donné, j'ai cru entendre de la musique. Une chanson. *Il doit y avoir une radio quelque part*, ai-je pensé. Je me suis retourné. Non. Rien. Il n'y avait personne d'autre. Et puis j'ai compris. C'était la jeune femme qui chantait. Elle jouait avec les vagues et chantait. Avec un engagement et une dévotion toute religieuse. J'ai plongé et je ne l'ai plus revue.

Aujourd'hui, j'ai couru quelques kilomètres de plus que d'habitude et je suis descendu à la plage un peu tard. Elle était de nouveau là. Elle était sortie de l'eau et portait un joli paréo qui lui allait très bien. L'univers tout entier dansait autour d'elle tandis qu'elle s'approchait. Elle est passée à côté de moi. Nous nous sommes souri. Je suis entré dans son aura et j'ai frissonné. J'ai vu distinctement les traits de son visage. La jeune femme à qui j'avais donné quarante ans la veille en avait au moins soixante. J'ai observé les rides qui encadraient délicatement son visage. Elle s'est éloignée et j'ai regardé un moment son corps galbé. Derrière elle, les empreintes de ses pas semblaient s'illuminer, comme dans le fameux clip de Michael Jackson.

Le bonheur est une chose
que tu as déjà en toi. Comme de l'or.
Qui attend que tu le trouves.

Plus tu cherches, plus tu en trouves. Plus tu creuses, plus tu en découvres. Et tu resteras jeune, joyeux et fort. Comme cette éternelle jeune femme. Comme si tu avais bu la potion magique de Panoramix. Sauf que la marmite est à toi. Avec cette potion, tu peux conquérir l'univers tout entier. Il suffit que ton arme soit l'amour.

Dieu a voulu cacher son trésor de manière à ce que les hommes ne le trouvent pas. Au début, il a songé à le cacher au sommet de la plus haute montagne. *Ils ne monteront jamais jusque là-haut*, se dit-il. Puis il y repensa. *Tu vas voir qu'un jour, ils vont y arriver.* Il décida alors de la cacher au point le plus profond de l'océan. *Là, c'est sûr qu'ils ne viendront pas le chercher.* Peu après, il changea d'avis. *Tu vas voir que là aussi ils vont finir par y aller, ces filous. Je vais le cacher au centre de la Terre. Là, ils n'ont aucune chance.* Mais, une fois de plus, quelque chose lui disait qu'il se trompait. Et tout à coup, il a trouvé la solution : *Je vais le cacher à l'intérieur d'eux-mêmes. Ils ne penseront jamais à y chercher quoi que ce soit.*

C'est là qu'il faut chercher.

L'AMOUR

Ils étaient installés à quelques mètres de moi. Assis du même côté de la table. Un bon déjeuner dans leur resto préféré. Ils discutaient. Ils se tenaient de plus en plus proches l'un de l'autre. Ils avaient tous les deux ce regard que je n'avais pas vu depuis longtemps. Il la mangeait des yeux. Il la serrait discrètement par la nuque et attirait son visage plus près du sien. Elle ne montrait aucune résistance. Leurs lèvres ne se touchaient pas. Ils jouaient, comme des aimants, un peu plus haut, un peu plus bas, d'un côté, de l'autre. Comme des aimants qui ne se touchent jamais. Délicieuse torture. Leur petit jeu me rendait fou. Moi et tous les autres spectateurs clandestins. Il avait glissé sa main dans ses cheveux. Il les caressait, les lissait, les replaçait derrière son oreille. Il jouait avec sa frange. Il y avait toujours une petite mèche pour se rebeller. Ses yeux trahissaient son ivresse. Ses yeux à elle aussi. Ils avaient fusionné dans un regard. J'avais tout observé pendant quelques minutes et je les enviais. Jalousie. Admiration. Tout à la fois. Peu de temps après, ils sont partis. Bras dessus, bras dessous. Même le couloir trop étroit ne suffisait pas à desserrer leur étreinte.

J'ai repensé un moment à ce regard. Ce regard qui est capable de t'emmener exactement où tu le désires. Un regard plein de flammes et d'étincelles. C'est l'amour.

C'est un amour qui ne t'unit pas seulement à ta moitié mais au monde entier. C'est la meilleure des épices. Elle donne du goût à chaque plat. À chaque vie. C'est une loupe qui concentre tes rayons pour allumer du feu partout où tu le souhaites. C'est un outil, le plus puissant de tous. Comme un cric hydraulique avec lequel tu peux soulever un camion à la force de ton seul petit doigt.

L'amour, c'est ce que tu ressens pour ton travail. Ce qui t'enivre le matin dès que tu ouvres l'œil. Ce qui t'emplit de gratitude pour tout ce que tu as mais aussi pour tout ce que tu n'as pas. L'amour, c'est quand tu dis merci pour une bonne assiette. C'est quand tu regardes ton être intérieur et que tu aimes ce que tu vois. C'est ce que tu ressens pour celui à qui tu portes secours. C'est de ramasser un déchet même si ce n'est pas toi qui l'as laissé tomber par terre. C'est de faire un compliment à quelqu'un et d'en tirer plus de plaisir encore que celui à qui tu l'adresses. L'amour, c'est ton loisir préféré. Ce sont ces effets spéciaux qu'ils utilisent dans les films quand il se passe quelque chose de magique. Sauf que là, c'est pour de vrai.

L'amour, c'est ce qui fait tourner la Terre et passer les saisons. C'est ce qui te gardera jeune et heureux pour toujours.

L'amour, c'est notre raison d'être.

Dans l'ivresse de ces pensées, j'ai vu un brave petit monsieur monter les marches avec difficulté. Des cheveux soignés, bien coiffés, avec un peu de brillantine, une chemise amidonnée, un pantalon bien repassé, une canne dans la main droite. Je l'ai reconnu. Le propriétaire. Celui qui a ouvert ce restaurant il y a cinquante ans. Il ne passe pas une journée sans venir y faire un tour.

Il a sa propre table. Il s'y est assis pour se reposer. Il a posé sa canne contre sa chaise et s'est mis à regarder autour de lui. Il fallait voir combien il était fier de son œuvre. Il avait des étincelles de joie plein les yeux.

Je l'ai déjà vu quelque part, ce regard. Le regard qui peut t'emmener où tu veux.

C'est l'amour.

GAGNER DES VIES

En ce moment, je voyage beaucoup et je participe à des formations en connaissance de soi pour pouvoir réaliser mon rêve : la création d'un cours sur les valeurs personnelles, qui serait donné dans les écoles grecques, en maternelle et en élémentaire.

Plus je creuse la question, plus ça me semble simple. L'énergie, c'est la vie. Mieux on la gère, mieux on vit. Comme dans les jeux vidéo. Au début, on te donne trois vies. Chaque vie est représentée par des petites barres, et à chaque fois que tu fais une connerie, une petite barre disparaît. Quand tu les as toutes perdues, tu perds une vie. Quand tu as perdu tes trois vies, tu sais ce qu'il se passe. Ce qu'il y a de bien, c'est que tu peux gagner des petites barres et des vies à tout moment. Il suffit de jouer fin et de respecter les règles du jeu.

Il existe deux genres de situations : celles que tu peux contrôler et celles que tu ne peux pas contrôler. À chaque fois que tu t'occupes de celles sur lesquelles tu n'as aucun pouvoir, tu perds des petites barres. Plus tu insistes, plus tu en perds.

Tu prends l'avion. Ton boulot à toi, c'est d'organiser ton voyage, de fixer tes dates, de choisir ta compagnie aérienne et de faire ta valise. La météo, le nom du pilote, la sécurité du vol, c'est l'affaire de quelqu'un d'autre. Ce n'est pas parce que tu as l'habitude de te mêler de tout que tu as raison de le faire. Tu perds des petites barres. Tu es accro et tu ne t'en rends pas compte.

Ce que l'autre a dans la tête non plus, ce n'est pas ton problème. Les scénarios et les hypothèses que tu échafaudes sur ce qui se cache derrière les mots que tu entends te prennent toute ton énergie. Ton boulot, c'est d'être dans ta tête à toi. Serais-tu prêt à abandonner ta partie de jeu vidéo pour jouer celle de ton voisin ? Et quand tu perdras une vie – et ça arrivera forcément si tu ne t'occupes plus de ta partie –, est-ce qu'en plus ce sera de sa faute ?

Toute forme de critique et de commérage te coûte des petites barres – et pas qu'un peu. Mécontentement, jalousie, colère, rancœur appartiennent à la même clique. Tu absorbes du poison en espérant tuer quelqu'un d'autre. Au début, tu as l'impression que tout ça te défoule. Mais tu finis à genoux. Raconter tes malheurs à droite et à gauche ne sert à rien. Va donc le dire à la bonne personne. Directement. D'autant qu'il existe des spécialistes. Ils te coûteront moins cher qu'un médecin. Parce que, tôt ou tard, ces habitudes vont te conduire chez le médecin.

Tu perds aussi des tas de petites barres avec la malbouffe, les excès de télévision, le manque de sommeil, les réseaux sociaux et les histoires que tu répètes à tout va. Sur ta mère, sur ta copine, sur le président de la République. Il fait son boulot et tu ferais bien de faire la même chose. Parce que tu peux grogner tous les jours, ce sont tes petites barres à toi qui disparaissent. Pas les miennes ni celles du président.

Faire les mêmes choses, encore et toujours, sans oser emmener ta vie plus loin, ça te tue, ça aussi. Au début, ça ne se voit pas. Et puis les décennies passent et tu te mets à te détester. La bonne planque et la routine sont une petite mort. Lente et cruelle. Le talent est fait pour être utilisé, pas stocké. Si on le stocke, il se transforme en douleur, puissante. Un jour, tu vas te rendre compte qu'il te manque une vie au compteur et tu te demanderas ce que tu en as fait.

Les dilemmes inutiles aussi te tuent. D'une manière différente. Il y a quelques jours, j'écoutais discrètement une conversation qui avait lieu à la table derrière moi. Le type chantait les louanges des initiatives sociales de la chaîne Skaï. La fille était en pétard. Elle trouvait qu'il y avait d'innombrables initiatives anonymes remarquables et qui passaient inaperçues. Et ils se prenaient le chou. Pourquoi faudrait-il choisir, puisqu'on peut avoir les deux ? La bonté est bienvenue, d'où qu'elle vienne. Les préjugés nous divisent et nous tuent. Nous et nos petites barres.

Au contraire, il y a des choses toutes simples qui te font monter en énergie, qui renforcent tes petites vies. Ces choses que tu laisses souvent de côté ou que tu méprises : à l'époque, on les appelait des bonnes actions. Dire « s'il te plaît » quand tu demandes quelque chose. Dire « merci » quand on te le donne mais aussi quand on ne te le donne pas. Céder ta place à quelqu'un, surtout à un inconnu. Ramasser un petit papier qui traîne, même si ce n'est pas toi qui l'as laissé tomber par terre. Faire une surprise à un proche, quand il ne s'y attend pas. Aider un malheureux dans la rue. Même si tu n'as pas d'argent, ce n'est pas grave. Dis-lui un mot gentil. Tout ça, ce sont des graines d'amour. Et qu'est-ce qu'elles font se sentir bien ! Comme si tu avais une vraie raison d'être en ce monde. Tu as une vraie raison d'être là.

Souris, même sans raison. Souris pour que la raison apparaisse. Tiens-toi droit, la tête haute. Tu vas gagner des petites barres. Des petites barres qui ne se voient pas, au début. Elles apparaissent tout à coup, quand tu t'y attends le moins. D'où est-ce qu'elles viennent, ça ne te regarde pas. Ça aussi, c'est le boulot de quelqu'un d'autre. Ton boulot à toi, c'est d'y croire.

Dis non quand il faut, pose tes limites. Ça ne te fait pas gagner de petites barres. Mais ça t'évite d'en perdre. Préoccupe-toi d'abord de ta propre vie, et ensuite de celle des autres. Quand on était petits, on nous a appris que c'était malpoli. Il s'agit juste de se protéger. Mais ça profite aussi à l'autre, parce que ça lui apprend à distinguer ce qui le regarde et ce qui ne le regarde pas.

L'exercice, le sport et le mouvement te font gagner des petites barres en pagaille. Bien plus que ce que la science elle-même en disait il y a peu. Le mouvement, c'est la vie. Il chasse l'introversion et la dépression, il nous nettoie la tête et l'âme. Respire correctement. Même si ça te fait gonfler le ventre. C'est bon signe. Respirer profondément signifie vivre profondément. Et il faut boire beaucoup d'eau.

Concentre-toi sur ce que tu fais. Ne te disperse pas. Désactive toutes tes notifications. Concentrée en un seul point, l'énergie d'une ampoule est capable de transpercer un mur. C'est ça, la force de la concentration. Ceux qui réalisent de grandes choses ont un point commun. Ils protègent leur concentration. Plus encore que la prunelle de leurs yeux.

> Il y a une chose qui peut te faire gagner des vies en abondance.
> Qui fait des merveilles.
> C'est la gratitude. La gratitude pour tout.

Pour le travail que tu as ou que tu n'as pas. Pour les enfants que tu as ou que tu n'as pas. Pour l'argent que tu as, même si ce n'est pas grand-chose. Tu sais, c'est comme quand tu as un peu bu et que tu te mets à tout aimer. Mais sans l'alcool. Gratitude. Surtout quand un lit bien chaud t'attend à la maison et que tu es en bonne santé. Quand on a ça, on peut obtenir tout le reste. Avec de l'action, pas avec des vœux. J'ai lu quelque part que la santé est une couronne invisible que nous avons sur la tête et qui n'apparaît qu'à ceux qui ne l'ont pas. Alors ferme les yeux et dit merci, infiniment. Toi seul sais à qui.

Lis chaque jour et développe-toi. Il vaut mieux sauter un repas qu'une heure de lecture. C'est l'oxygène de ton âme. Ça donne de l'éclat à tes petites barres.

Fais tout ça et le jeu vidéo va s'emballer. Il va t'offrir des vies en permanence. Quand on était petits, parfois, la machine avait un problème qui nous arrangeait bien : on pouvait jouer pendant des heures avec une seule pièce de monnaie sans avoir besoin de remettre la main au porte-monnaie. Le processeur central ou je ne sais quoi était devenu fou, pour notre plus grand bonheur. Et c'est bien vrai, le processeur central est fou de joie, quand tu fais tout ça.

Mais le secret, c'est d'être toi-même fou de joie.

Tu es là pour ça. Pour exploser les scores, pas pour enchaîner les game over. *Voilà.*

TOI AUSSI, ON TE PAYE AU LANCE-PIERRE ?

On les sent venir de loin. En général, ils ont le dos voûté, les sourcils froncés et l'air maussade. Ils te regardent avec méfiance. Ils râlent pour le moindre détail. Même si tout va bien. Ils ont toujours un malheur à raconter. Le sort s'acharne contre eux. Ils ont en permanence un petit nuage au-dessus de la tête. Pluie imminente. Orage annoncé. Comme Pat Hibulaire, dans les dessins animés Disney. Quand on est dans un bon jour, on dit d'eux qu'ils sont toxiques. Dans les mauvais jours, on a d'autres dénominatifs en magasin.

Ils ont une fuite quelque part et toute leur énergie fiche le camp. Le souci, c'est qu'ils arrivent à te percer, toi aussi. Si tu restes auprès d'eux un peu trop longtemps, ton énergie s'échappe. Tu vas t'en aller avec un mal de tête, de mauvaise humeur, pessimiste. Essoré. C'est plus contagieux qu'une mauvaise grippe.

Le plus fou, c'est que ce sont souvent des gens qui, par ailleurs, sont brillants, qui ont un QI élevé. De vraies encyclopédies. Ils sont certains d'avoir raison. Ils n'écoutent pas. Ils savent tout. Ils ont des règles strictes et des croyances inébranlables. Ils ont peur du changement. Leurs arguments pour y échapper sont inoxydables – mêmes s'ils provoquent des catastrophes. Et ils sont les premiers à en souffrir. Mais pas les derniers. D'abord, ils opposent une simple résistance. Ensuite, ils se fâchent. À la fin, ils sont prêts à te dévorer tout cru.

Ils ont une addiction à leurs émotions négatives. Plus puissant que la cigarette. Ils se parlent à eux-mêmes de la pire des manières. Ils se saignent à blanc sans même s'en rendre compte. Ils se tuent, sans le voir. Leur soi est le pire ennemi, mais si tu le leur dis, ils te le font payer. « Qu'est-ce que tu deviens ? » ai-je un jour demandé à une connaissance. « Tu verras bien ce que dira la rubrique nécrologique », m'a-t-elle répondu.

Avant, j'essayais d'aider.

Maintenant je sais que, quoi que je fasse, ça n'aidera pas.

Je sais maintenant ce qui dépend de moi et ce qui ne dépend pas de moi.

Quand les choses dépendent de moi,
je donne tout.
Le reste du temps, je passe mon tour.

Pareil avec ces gens-là. Quand je les vois, je file. À l'anglaise. Si tu veux ajouter de l'huile, ajoute-la dans ta gamelle. Pas dans la mienne. J'ai compris combien mon énergie était précieuse et je la protège comme un vrai trésor. Je sens venir de loin les personnalités toxiques et je disparais.

Cette fois-ci, il s'agit d'un ancien collègue. Peu importe son nom. Nous avons travaillé ensemble pendant à peu près deux ans. Le premier jour, je l'ai trouvé chicaneur, colérique et provocateur. Il criait sans raison. Je n'ai pas répondu, malgré mon agacement. Ces gens-là n'ont rien contre toi.

Ils en ont après eux-mêmes. Et j'ai eu raison. Il n'a plus jamais crié. Pendant deux ans, notre collaboration a été impeccable. Exceptionnelle. Ce ne sont pas nécessairement des gens mauvais. Leur système d'exploitation est infecté mais ils refusent de le voir, c'est tout. Alors ne parlons même pas d'installer un anti-virus.

Il y a quelques jours, je l'ai appelé parce que je lui devais de l'argent. Je voulais passer le lui déposer. Il était content de m'entendre. Il m'a demandé de mes nouvelles. Il m'a dit comment il allait. Ensuite, il a parlé boulot. À la fin, il a pris son petit air amer pour me demander : « Toi aussi, on te paye au lance-pierre ? » Moins d'une minute plus tard, j'avais raccroché.

Je ne suis jamais passé le voir.

Je lui ai glissé une enveloppe sous la porte.

ÊTRE À L'HEURE

Les Anglais ont ça dans le sang. J'ai vécu en Angleterre, mais je n'y arrivais pas. J'étais toujours en retard. Je pouvais avoir trois heures devant moi, j'arrivais quand même en retard. De quinze minutes. Montre en main. Régulier dans mon irrégularité. J'avais beau faire… Tu sais, quand tu prépares une tarte et qu'il te manque juste un petit bout de pâte pour finir de recouvrir le moule ? Même chose pour moi mais avec le temps. Il me manquait toujours quinze minutes. Ceux qui avaient rendez-vous avec moi le notaient dans leur agenda, « et quart ». Ils ne me l'ont jamais dit, mais j'en suis certain.

On m'avait fait la remarque. Souvent, lourdement. Moi, dans ma bulle, je trouvais qu'ils exagéraient. Eux aussi. Et pourtant, les petites choses entraînent les grandes. Tout s'enchaîne. C'est l'effet domino. Une pièce tombe, tout le reste s'écroule. Une pièce résiste, elle protège toutes les autres. Tu ne peux pas être ponctuel à tes rendez-vous et ne pas l'être au travail. Tu ne peux pas être cohérent au travail et ne pas l'être dans ta vie privée. Tu ne peux pas être fiable dans ta vie privée et ne pas l'être avec toi-même. Impossible. Toute l'eau circule dans un même système. À l'école primaire, on appelait ça les vases communicants.

Je vois des gens qui ne bouclent pas leur ceinture de sécurité. Qui ne mettent pas leur téléphone à charger en allant se coucher. Qui téléphonent au volant sans le mains-libres. Qui mangent sur le pouce. À toute vitesse. Qui ne planifient pas leurs obligations. Qui laissent leur vie se déformer, et leur ventre avec. Et quand tout ça arrive, tu t'envoies un message à toi-même. Tu te dis : *Tu ne mérites rien de bien, mon pauvre type.* Noir sur blanc. Tu ne mérites ni la ponctualité, ni l'argent, ni le bonheur. Si tu accordes des rabais sur les petites choses, tu finiras par en accorder sur les grandes. C'est comme ça. Ta vitrine affichera « prix cassés – liquidation » à longueur d'année et tu te demanderas pourquoi ton voisin vend sa marchandise à prix d'or.

« Le jeu est truqué, par toi-même, pour toi-même », nous disait toujours Antonis. C'est ce qu'il voulait dire. C'est toi qui distribues les cartes, toi qui les joues. Tu es le courtier et le parieur. Le gardien de but et l'attaquant. Apprends à mieux contrôler la balle.

Apprends à mieux contrôler ta vie.
Apprends à mieux te contrôler.

Un soir, avec ma fille, on se brossait les dents et elle m'a dit : « Je ne veux pas me gratter le nez, mais ma main droite… comment dire… elle fait ce qu'elle veut… »

Ta main à toi, contrôle-la.

Tu n'as plus six ans.

EXTRAORDINAIRES

Nous nous sommes retrouvés à parler de Robert Redford. On écoutait la musique du film *Nos plus belles années.* Quel acteur extraordinaire. Quel homme extraordinaire. Tous ses films ont quelque chose de magique. *Le Meilleur, Out of Africa, Brubaker, Proposition indécente.* Tous.

Il a plus de quatre-vingts ans et il est toujours aussi captivant. Mon amie m'a parlé du Sundance Festival qu'il organise chaque année pour promouvoir les cinéastes indépendants. Pour aider d'autres jeunes gens à devenir comme lui. Il a une vision. Il a une passion. Et il a besoin de les partager.

Récemment, j'ai vu le discours que Nikos Galis a prononcé au Basketball Hall of Fame. Un champion sur le terrain comme en dehors. Une vraie éthique, pas de bavardages. Pas besoin. Peut-être le plus grand basketteur européen de tous les temps. Il est monté sur l'estrade avec son nœud papillon et il a prononcé un discours de trois minutes inoubliable. Il a parlé de cette dame qui l'avait abordé dans la rue à Thessalonique. Il avait d'abord cru qu'elle voulait un autographe. Mais elle l'avait pris dans ses bras et l'avait remercié d'avoir sauvé son fils. Il était tombé dans la drogue mais avait tout arrêté après l'Eurobasket de 1987. Pour devenir comme Galis. « C'est le plus beau cadeau qu'un sportif puisse faire à la société », avait-il humblement déclaré. Toute l'assemblée s'était levée pour l'applaudir.

J'ai repensé à un autre joueur, Antetokounmpo, qui a récemment signé un contrat à cent millions de dollars. Et qui est toujours le même. Il continue à travailler dur, comme un débutant, et à nous donner des leçons sur le terrain comme en dehors. Quand même le président des États-Unis parle de toi et que tu conserves la timidité et l'éthique de tes dix ans, tu es indiscutablement un champion.

Il y a des gens qui ne sont pas seulement *très bons*. Ils sont extraordinaires. Personne ne leur a demandé de faire ce qu'ils font. Personne ne les a poussés à atteindre de tels sommets. Et pourtant, ils continuent. Inlassablement. Ils visent la prochaine étape. Ils ne se reposent pas sur leurs lauriers. Ils veulent partager. Changer le monde. Le rendre plus beau. Ils ne le font pas pour l'argent. Ils prennent ce qu'on leur donne, mais ils ne le font pas pour l'argent. Ils sont extraordinaires. Tu sais que quelqu'un est extraordinaire quand tu ne trouves pas de mots pour le décrire.

Récemment, j'ai assisté à un séminaire. L'intervenant nous a montré une petite vidéo. Il l'avait tournée lui-même dans des toilettes en Afrique du Sud. Le film se concentrait sur le gardien de ces toilettes publiques. Quand le conférencier est entré, cet homme de ménage lui a dit avec enthousiasme : « Bienvenue dans mon bureau. » Et il a poursuivi : « Beaucoup de gens passent par ici tous les jours. Ils ont envie de sortir plus heureux qu'ils ne sont entrés. J'ai une responsabilité vis-à-vis d'eux. C'est pourquoi je fais mon travail aussi bien que possible. Je nettoie soigneusement tous les joints du carrelage. J'adore mon travail. » Il parlait comme s'il avait été une sommité du monde scientifique. Le sourire jusqu'aux oreilles. Le sourire dans les yeux.

À la fin de la vidéo, mes yeux étaient mouillés d'émotion, par gratitude pour l'existence de ce genre de personnes. Tellement extraordinaires.

On ne naît pas extraordinaire. On le devient.
Ce qui compte, ce n'est pas ce que tu fais.
Mais comment tu le fais.

Comme un agent d'entretien consciencieux dans des toilettes publiques.

LE PAPILLON DE NUIT

Je l'avais remarqué le soir précédent. Parfait, superbe, délicat. Comme fait d'ivoire. Tout blanc sur la vitre de la salle de bains, on le distinguait à peine. On les appelle des papillons de nuit. Probablement les plus beaux de tous les papillons.

Il n'y a pas d'action neutre dans l'univers. Chaque action compte. Soit c'est positif, soit c'est négatif. D'abord en toi-même.

Imaginons que tu loues un appartement. La manière dont tu le traites, l'état dans lequel tu le rends à la fin, ça porte un signe, soit plus, soit moins. Ça fait partie de ces choses que j'aurais aimé savoir depuis l'enfance. Tu le rends en bon état, propre, sans dégâts ? Bénéfices. Tu le rends sale, négligé, comme tu ne voudrais pas qu'on te rende quoi que ce soit ? Pertes. Bénéfices, en vert ; pertes, en rouge.

Les bénéfices sont ajoutés à tes actifs, les pertes à ton passif. De petits bénéfices ajoutés les uns aux autres font croître ton capital. De petits dégâts qui s'amoncellent le grignotent. Et un jour, tout à coup, tu te dis : *Où est passée ma vie ? Qui me l'a volée ? Pourquoi une telle faillite ?* Tu t'es fait le coup de l'appartement…

Tu jettes tes ordures par terre, tu ne penses qu'à ta pomme, tu ranges tes rêves au placard, tu gaspilles ta vie, tu te parles mal, tu es accro aux réseaux sociaux, à la boisson, aux jeux de hasard, à la télé, à la critique, aux ragots, tu n'évolues plus. Tout ça, c'est en rouge.

Tu fais des compliments, tu lis, tu discutes, tu avances, tu oses, tu sors de ta zone de confort, tu fais du sport, tu manges sainement, tu donnes des coups de main, tu coopères, tu as des pensées positives, tu souris, tu crois en toi, tu offres tes restes aux chats du quartier, tu vides le fond de ta bouteille d'eau dans un pot de fleurs... Tout ça, c'est en vert.

Le vert, tu le sens tout de suite. Même chose pour le rouge. Pas besoin de faire un bilan au 31 décembre pour le savoir. Ni de compter la caisse en fin de journée. C'est une question de ressenti. Au fond de toi, les comptes se font d'eux-mêmes, en permanence. Inutile de poser des opérations. C'est comme si ça te cajolait l'âme ou que ça te l'égratignait, en fonction de la couleur.

Tu as envie de griller un feu rouge. Tu regardes à droite et à gauche, pas de police en vue. Tu passes. Personne ne t'a vu, tu es content. Pas si vite. Toi, tu t'es vu. C'est trop tard. Les pertes sont déjà enregistrées et ont des conséquences sur la valeur que tu as à tes propres yeux, sur le respect que tu as pour toi-même, sur ton estime de toi.

N'attends pas les autres. Ne vis pas pour les autres. Vis pour toi.

J'ai pris une douche ce matin. Tout à coup, j'ai vu le papillon se débattre dans l'eau. Je l'avais mouillé, sans le faire exprès. Ça m'a fait de la peine. J'ai fermé le robinet et je l'ai récupéré avec un morceau de papier pour qu'il sèche. J'ai aussi mis un morceau de sucre à côté de lui, comme quand j'étais petit. J'ai fait ce que j'ai pu. Et ça, ça s'écrit en vert. Finalement, le papillon s'en est sorti.

Bon, tu me diras, un papillon de plus ou de moins, quelle différence pour l'univers ?

La différence, c'est en moi qu'elle se fait.

LE GARAGE

En 2005, nous avons déménagé dans nos nouveaux bureaux. Mon ami architecte en a fait un petit bijou. C'est au premier étage. Quand nous sommes arrivés, le rez-de-chaussée était vide. « Je te souhaite juste de ne pas te retrouver avec un garage là-dessous, me dit-il. Ils font toujours un bruit pas possible, ça te pourrirait la vie. » Deux mois plus tard, le rez-de-chaussée est loué. À un garagiste.

« Oh merde ! » fut sa première réaction. La mienne aussi.

« Attends un peu, Mitsos, on va voir comment il est.

— Que dalle. Ne lui laisse pas le choix. Parce qu'il va faire un boucan d'enfer, c'est évident. Tu l'obliges à te poser de la laine de verre, sinon tu ne pourras pas bosser.

— Du calme, on va d'abord le rencontrer !

— Fais-moi confiance. Je fais ce boulot depuis des années. Je les connais, ces types-là. C'est une espèce à part. Ne lui laisse pas le choix. »

Je n'ai même pas eu le temps de descendre faire la connaissance de Costas. Le type est monté de lui-même. Tout sourire. Un enfant du Bon Dieu. Un fils du peuple, comme on dit. Honnête. Travailleur. Il est monté faire connaissance. C'était comme si on s'était vus la veille.

Il était même passé chez le pâtissier, pour ne pas arriver les mains vides.

Nous avons engagé la conversation. Dès le début, nous nous sommes appelés par nos prénoms. Je lui ai fait part de l'inquiétude de mon ami architecte.

« Non, non, Stefanos, on ne fera pas de grosses réparations au rez-de-chaussée. On fera ça au sous-sol. Franchement, t'auras pas de soucis. Mais si jamais on te dérange, tu me le dis. »

La remarque de mon ami architecte me tournait dans la tête. « Ne lui laisse pas le choix ! » Je l'ai laissée où elle était.

Un an plus tard, je peux dire que Costas est la meilleure chose qui me soit arrivée. Les gars de ma société lui font réparer leurs voitures. Prix honnêtes et travail bien fait. En fait, ce n'est pas un voisin. C'est un frère.

Ne présume pas. N'écoute pas les bavardages de l'esprit. Chaque cas est différent. L'univers a préparé des tas d'études de cas, pour son université. Toutes différentes. Toutes uniques. Quand tu crois savoir, tu te fais avoir.

Ne présume de rien. Vis la vie.

Sors de ta cage. Vois la beauté, vois l'amour, vois l'humanité. Vis librement et laisse se développer une vue d'ensemble. Elle te révélera tout.

C'est l'histoire d'un type dans une salle d'attente. Il attend son avion et lit le journal. Il a ouvert un paquet de biscuits et mange. Une femme arrive et s'assied à côté de lui. Tout à coup, la voilà qui prend un de ses cookies. Sans lui demander. Le type la regarde de travers. Il ne dit rien. Peu après, rebelote. La nana reprend un cookie. Il ne dit rien, mais il commence à monter dans les tours. Et ça continue. Un biscuit pour l'un, un biscuit pour l'autre. Il finit par avoir de la fumée qui lui sort par les oreilles. Arrive le dernier cookie. La fille a le culot de demander : « Vous le voulez ou je le prends ? » Furieux, il l'attrape et s'en va. Il tremble de colère. Il monte dans son avion et s'assied à sa place. Il ouvre son sac et cherche son livre, des fois que ça le calmerait. Et qu'est-ce qu'il voit ? Son paquet de biscuits, intact. Pendant tout ce temps, il avait mangé les biscuits de la dame, qui non seulement ne lui a rien dit, mais lui a même offert son dernier cookie.

Ne présume de rien.

N'ARRÊTE PAS

Tu as des problèmes. Nous en avons tous. Pas de vie sans soucis. Tant que tu vivras, tu en auras. L'important, c'est ce que tu vas en faire. C'est ta vie qui est en jeu.

Certains se posent et les examinent. D'un bon œil. *Ils vont bien finir par disparaître*, se disent-ils. Mais il ne se passe rien. Ils continuent d'espérer et le gouffre s'agrandit. La pensée positive seule ne peut pas t'apporter ce que tu désires. Au contraire. Au bout du compte, elle ne te réservera que désillusion et déception. L'espoir, ce ne sont que les fondations. Ça ne suffit pas à construire une maison. Je m'y suis frotté et je sais de quoi je parle. Pour les épreuves d'espoir, j'étais premier de promo. Pour l'action, recalé. La combinaison idéale pour obtenir inquiétude, déception, dépression et maladie.

D'autres se battent avec leurs problèmes. Avec acharnement. Ils s'épuisent sur le ring de la vie. Ils essaient de faire plier du fer. Mais le fer ne plie pas. Et ils s'acharnent. Si leur vie était une dentition, ils la brosseraient pendant des heures. Avec obsession. Jusqu'à faire disparaître la carie. Au risque de faire sauter un plombage. Peut-être même une dent. Ils considèrent la vie comme une galère. Une corvée. Et pour eux, c'est vrai.

D'autres encore ont lâché l'affaire depuis longtemps. Ils ont laissé le bateau heurter les rochers. Ils laissent les problèmes s'accumuler. Comme des vêtements sales dans le coin d'une chambre. Les uns par-dessus les autres. Amoncellement. Misère. Impasse. Place à la colère. La vie est un martyre sans fin. Mais pas question de changer. J'ai un ami de cette espèce.

Un jour je lui ai dit : « Tu viens, on va à un séminaire ensemble ?

— Nan, Stef, plutôt mourir que de participer à un de tes séminaires. » Fin de l'histoire.

D'autres, enfin, ont pris du recul. Ils sont devenus philosophes. Mais ils ne s'en tiennent pas aux mots. Ils ne s'arrêtent pas. Ils construisent. Ils se demandent en permanence ce qu'ils peuvent améliorer. Ils n'ont pas peur des erreurs. Si la brique est de travers, ils la retirent et ils recommencent. C'est pas la mort. Ils savent que la mort, c'est quand le ciment a durci. Ils aiment apprendre et agir. Eux aussi, ils espèrent, mais ils construisent leur maison. Sans arrêt. Et ils les brossent, leurs dents. Mais pas pendant des heures. Trois minutes à chaque fois. Juste ce qu'il faut. Et ils montent sur le ring. Une petite demi-heure par jour. Avec modération. Ils ne s'acharnent pas. Ces gens-là aiment la vie. Et la vie le leur rend bien.

Quelle que soit la catégorie dans laquelle tu te trouves, tu as ta propre combinaison. Chaque coffre-fort en a une. Toi aussi. Certaines comptent trois chiffres, d'autres quatre, d'autres quinze.

À chaque fois que tu trouves un des chiffres, tu entends un petit clic. Et à chaque fois, ça en fait un de moins à chercher. Plus tu cherches, plus tu trouves. Dans ton jogging du matin. Dans un bon discours. Dans une discussion. Dans une provocation. Dans un problème. Dans une belle conversation. Alors, cherche, CHAQUE

JOUR, cherche. Ne serait-ce que dix minutes. Mais ne passe pas ton tour. Ne t'arrête jamais. Tu ne sais jamais où tu vas trouver le prochain numéro gagnant. Tu ne sais jamais où tu vas entendre le prochain clic. Un clic, ça se fête, ça se célèbre. Plus tu fêteras ces trouvailles, plus tu seras inspiré. Tu ne trouveras pas sans chercher.

C'est l'histoire de deux petites graines dans la terre. « Je vais monter très haut, dit l'une d'elles, et je vais sortir la tête du sol, tu vas voir que je vais y arriver. » Et elle ne s'est pas arrêtée. Elle a rencontré des pierres, elle a rencontré des brindilles. Mais elle a tenu bon. Avec foi et courage. Et elle a réussi.

« Quand est-ce que je vais monter, moi aussi ? râlait l'autre. Quand est-ce que je vais arrêter de trouver des pierres et des brindilles sur mon chemin ? Quand est-ce que je vais arrêter d'avoir des problèmes ? grommelait-elle. Je n'en peux plus. » Et elle a commencé son ascension. Mais le cœur n'y était pas. Au forceps, comme on dit. À un moment donné, elle a fatigué. « J'arrête tout », a-t-elle fini par dire. Et elle a abandonné. À peine un millimètre de plus et elle voyait le soleil.

Ne t'arrête jamais.

Et si tu n'étais plus qu'à une petite pierre du prochain *clic* ?

Et si tu n'étais plus qu'à une petite brindille du soleil ?

L'ÉNERGIE DES HÉROS

Il y aurait de quoi en écrire un livre. Je suis à Amorgos en septembre. Après une plongée parfaite dans les profondeurs de l'île, je rentre de la plage et j'aperçois une pancarte indiquant le monastère Saint Valsamitis. Quelque chose me dit de tourner.

Le monastère est adorable. Petit et coquet. D'une propreté resplendissante. Je fais une prière et les nonnes m'invitent à les rejoindre sur la coursive. Elles m'offrent une friandise et de l'eau fraîche. J'aperçois une magnifique collection d'icônes peintes. Je demande qui les a réalisées et elles me répondent que c'est la sœur Irini, qui est aussi la sœur supérieure du monastère. J'ai hâte de la rencontrer. Elle est dehors, en train d'arroser.

C'est une jeune femme. Les yeux brillants, pleins d'envie de vivre. Elle respire la vitalité et l'optimisme. Elle a quitté Athènes pour Amorgos il y a six ans. Elle a tout abandonné quand elle a découvert le monastère. Le coup de foudre. Il était fermé depuis trois cents ans et elle lui a redonné vie. C'est un petit monastère qu'elle a transformé en paradis terrestre. Elle a planté trente arbres, donné l'asile à une vingtaine de chats, qu'elle a fait stériliser et vacciner. C'est une femme d'action. Elle se retrousse les manches à l'aube et ne se couche qu'une fois la nuit tombée. Toute la journée, elle travaille, avec envie et amour pour le couvent. Lumineuse, dynamique, capable, souriante. La vie incarnée.

Il y a des gens comme ça, qui s'investissent à fond dans ce qu'ils font. Ils sont condamnés à réussir, que tu les envoies en Grèce, aux États-Unis, dans le Sahara ou sur la Lune. Ils ne peuvent pas ne pas réussir. Le soleil pourrait-il ne pas se lever ? C'est pareil pour eux.

Ils ne naissent pas sous une bonne étoile. Ils la créent eux-mêmes. Ils ont la bougeotte, ils n'arrêtent pas une minute. Ils sortent de leur lit le matin comme un ressort de sa boîte. Ils sont impatients de retrouver leur travail ou leur mission. Leur esprit produit en permanence. Ils sont tout le temps en action. Ils ont en eux quelque chose qui déborde, qu'ils ont besoin de partager. Si tu leur demandes 10, ils te donnent 100. Si tu leur demandes 100, ils te donnent 1 000. Quand ils donnent de la joie aux autres, c'est encore eux qui en ressentent le plus.

C'est le chauffeur de taxi qui t'attend avec le sourire et une petite bouteille d'eau. C'est l'épicier qui vend ses bouteilles d'eau 50 centimes, alors qu'il pourrait en tirer un euro. C'est l'employé qui est payé 400 euros mais qui travaille pour 4 000. C'est le Pakistanais qui ramasse des boîtes en carton comme un artiste. Ce que la plupart des gens ne comprennent pas, c'est qu'ils ne le font pas pour les applaudissements ou pour l'argent. Ils le font pour eux-mêmes. C'est leur oxygène. Si tu leur retires ça, ils meurent.

J'ai entendu ceci dans une conférence extraordinaire :

Pourquoi aller chercher des héros à l'extérieur quand on peut être son propre héros ?

Je peux t'assurer que la sœur supérieure, elle ne cherche pas.

PARTAGE

C'est un ami. Assez récent. On se connaît depuis deux ans. On discute un peu de nos enfants, mais on se parle surtout de nous-mêmes. Il se plaignait de son dos depuis un moment déjà et, de manière générale, il avait tendance à se plaindre de tout. À force d'insistance, j'ai fini par le convaincre de se mettre à nager. Hiver comme été.

Il y a quelques jours, il m'a appelé. Son rire est arrivé avant sa voix. « Stef, me dit-il, je n'ai plus du tout mal au dos. Et maintenant ma femme nage aussi. Elle adore. On nage ensemble. » Ça m'a fait un plaisir fou.

C'est un conseil que j'avais moi-même reçu de quelqu'un d'autre. Et qui m'a changé la vie.

Ce matin, je suis allé courir et j'ai croisé au moins une dizaine d'autres joggeurs. Je leur distribue toujours des bonjours. C'est drôle d'observer leurs réactions. Un coureur un peu timide m'a bien regardé et n'a osé me rendre le bonjour qu'après s'être un peu éloigné. Il y a une fille qui me crie toujours « Bonjour » de très loin. Il y a aussi un type avec lequel nous échangeons des plaisanteries. Avant-hier, ses clefs tintaient dans la poche de son bermuda. Ce matin, il m'a fait signe que cette fois il les avait laissées dans la voiture. Il y en a qui ont un petit rire de salon, bien comme il faut. D'autres qui ont un rire de rue. Plus simple. Certains sont en couple, ils ont des rires assortis. Il y en a un – un Anglais, à tous les coups – qui rit avec réserve. Il y a aussi un plaisantin qui fonce droit sur moi tous les matins et qui m'évite au dernier moment. Un jour, on va se rentrer dedans. Et il y a une femme qui m'a regardé longuement aujourd'hui et qui a failli me sourire. Leurs bonjours et leurs sourires sont comme un arc-en-ciel. Ma vie aussi est un arc-en-ciel.

Cela fait des années que je me suis mis à partager. Et ma vie s'est métamorphosée.

Quand quelqu'un te dit que tu as changé sa vie, tu te dis que finalement ça valait le coup de vivre.

C'est magique, de partager. Un bon livre, un compliment, un bonjour, un sourire. De partager la douleur d'un autre, quand il le veut. De se réjouir de sa joie. Une accolade, une main sur l'épaule, une caresse, ce sont nos raisons de vivre. Tu obtiendras tout ce que tu veux de la vie, si tu aides les autres à obtenir ce qu'ils veulent. C'est Ziglar qui l'a dit et c'était un grand.

Il y a des années, nous avons eu la visite d'un conférencier étranger. Une sommité dans son domaine. Technocrate. Matinal. Il est allé visiter le Stade panathénaïque à l'aube. Il nous a raconté combien le lever du soleil avait été un moment envoûtant. Il était heureux. Et puis il nous a dit : « Et pourtant, quelque chose me manquait. Je n'avais personne avec qui partager ça. J'aurais aimé que ma femme soit là. »

Je me souviens qu'il en avait eu les larmes aux yeux.

Et nous aussi.

NE TE DISPERSE PAS

Nous sommes des amis très proches. Je suis allé la récupérer parce que nous avions une course à faire ensemble. Nous allions passer chercher un papier au bureau d'un ami avant de filer vers notre destination finale. Elle ne l'avait pas croisé depuis longtemps et elle était impatiente de le voir. Lui aussi.

À peine une minute avant notre arrivée, son téléphone sonne. Elle ouvre son sac pour l'attraper. Elle s'emmêle les pinceaux. Il sonne, il sonne et elle fouille son sac. Elle finit par le trouver et tente de décrocher, mais la précipitation rend la tâche difficile. Elle y arrive. Elle répond. Trop tard. Ça la stresse. Elle rappelle. Ça sonne occupé. Classique, l'autre est sans doute en train de rappeler. Les deux sont sur répondeur. Elle raccroche. Un SMS arrive pour la prévenir qu'elle a raté un appel. Parce qu'on ne le savait pas, peut-être ? Elle patiente un peu pour laisser à l'autre le temps de la rappeler. Il fait pareil. C'est toujours comme ça. Puis elle le rappelle. L'autre aussi. Synchro. De nouveau un SMS.

Entre-temps, nous sommes arrivés chez notre ami. Il sort de son bureau et vient à notre rencontre. Ils se tombent dans les bras et engagent la conversation. Évidemment, ce satané téléphone se remet à sonner. Et c'est reparti, elle fouille son sac, trouve le bouton vert, décroche. Un peu plus facilement cette fois-ci. On progresse. Notre conversation a été interrompue au meilleur moment. Notre amie n'est ni avec nous, ni avec son interlocuteur. Elle n'est nulle part. Elle raccroche assez vite, remet le téléphone dans son sac. Elle a perdu le fil. Nous essayons de le retrouver, mais il est temps de s'en aller. Elle salue son ami. Je me retiens de rigoler.

Nos chers petits téléphones sont équipés d'une fonction magique qui s'appelle le silencieux. La plus utile de toutes. Si elle l'avait activée dès la première sonnerie et qu'elle avait rappelé son correspondant après nos retrouvailles, tout se serait bien passé. Elle aurait été ici, puis là-bas. Mais elle n'était ni ici, ni là-bas. Si elle avait été un ballon de baudruche, elle se serait dégonflée. Pour cause de fuite. Un petit trou par lequel s'échappe notre si précieux air. Et on le regonfle. Et il s'échappe. Et on s'essouffle, et on n'a plus ni l'envie ni le courage de le regonfler. C'est comme ça que ça se passe, avec les petites et les grandes choses de la vie. Et au final, on rate les grandes comme les petites.

Nous n'avons pas appris à protéger notre concentration et notre énergie.

Ceux qui vont loin dans la vie sont ceux qui en prennent soin comme du trésor le plus précieux.

C'est le cas d'un de mes meilleurs amis.

Il adore la plongée sous-marine.

Il descend à plus de cinquante mètres.

Quand il descend, je l'observe. Il descend en douceur. Comme une anguille. Il ne fait pas de mouvements inutiles. Sans violence. Sans pression.

Il protège sa concentration. Il économise son énergie. Il retient sa respiration. Quand il plonge, pour lui, tout le reste a disparu.

Je crois qu'il n'existe pas d'autre manière de vivre.

Quoi que tu fasses, fais-le comme si tout le reste avait disparu.

NOTRE BUT, FAIRE NAUFRAGE

Ce sont de très bons amis. Je les attendais tous les trois pour dîner à la maison. Finalement, l'un d'eux n'a pas pu se libérer. Les deux autres sont venus. Nous étions donc trois. Trois personnes complètement différentes, en matière de tempérament, de vision du monde, de vie professionnelle. Mais tellement semblables en ce qui concerne l'âme et les sentiments. Ce que les musiciens appellent les harmoniques. Celles qui font toute la différence.

La conversation a démarré sur les chapeaux de roue. Le sujet du jour, la chance. Est-ce que ceux qui réussissent ont simplement la baraka ? Est-ce que la chance existe ? Ou est-ce qu'on la crée ? Si on la crée, n'est-elle pas réservée à quelques privilégiés ? Et, au bout du compte, quand on touche le fond et que nos enfants ne mangent pas à leur faim, est-ce que tout cela a la moindre importance ?

Nous nous sommes séparés en deux camps. Deux qui parlaient, un qui écoutait. Et qui contestait. Et nous l'écoutions, nous aussi. Les conditions idéales pour que germe un dialogue productif. Et il a germé.

Nous avons dit bien des choses. Le résumé :

On ne naît pas chanceux, on le devient.
Avec beaucoup de travail.

Des gamelles, tu vas en prendre. Et elles sont précieuses. Mais il ne faut pas s'arrêter. C'est ça, le secret.

Si tu tombes sept fois, relève-toi huit fois. Fais la sourde oreille. N'écoute pas les « non », les « n'y va pas ». Trace ta route. Tous les grands de ce monde ont joué les sourds. Edison, Disney, Einstein, Jobs. Ils n'ont écouté ni la logique ni les règles. Ils ont créé leurs propres lois. Pas avec des mots en l'air. Avec des actes. Comme l'hirondelle qui construit son nid, brindille après brindille.

Des règles qui nous font avancer, il y en a. Elles ne sont pas toutes agréables. Parfois, rien qu'à les entendre, on tourne de l'œil. « Pour devenir excellent dans son domaine, il faut fournir dix mille heures de travail. » Partons sur trois heures par jour. Il nous faudra dix ans. C'est plus confortable d'en vouloir à ses parents. Une nouvelle habitude à intégrer à notre système ? Se lever tôt, lire, faire de l'exercice ? Pour qu'une habitude prenne définitivement racine en nous, pour qu'elle devienne une seconde nature, il faut s'y tenir pendant soixante-six jours d'affilée. C'est difficile, ça aussi. Le deuxième jour, le dixième jour, on abandonne.

Et puis il faut prendre des risques. Si tu ne prends pas de risques, tu es foutu. Tu es mort et tu n'es même pas au courant. De toute façon, tu n'as rien à perdre. Avant de prendre le risque, tu n'avais pas ce que tu cherchais à obtenir. Si tu prends le risque, tu as des chances d'y arriver. Tu as tout à gagner. Et si tu ne réussis pas, tu en sors quand même gagnant. Tu as appris quelque chose. On appelait ça une vie-bonus dans les jeux vidéo, quand on était gosses. N'aie pas peur de tes erreurs. Aime-les. Elles forgent ton expérience.

Enfin, les grands assument toutes leurs responsabilités. Surtout quand ils ne sont responsables de rien. Les contrôles de capitaux, les bourdes des collègues, les folies des uns et des autres. Le mot justification ne fait pas partie de leur vocabulaire. Endosser une responsabilité même quand on n'y est pour rien, c'est de la grandeur. C'est vraiment quelque chose. Tu dors tranquille. Et fort.

Nous avons clos le débat avec une citation du livre *L'Ascèse* de Nikos Kazantzakis. « Notre corps est un navire naviguant sur des eaux profondes et bleues. Quel est notre but ? Faire naufrage ! »

À la tienne, Captain Michalis !

UN MATIN SUR LE FRONT DE MER

Ce matin, je me suis levé de bonne heure. Je n'étais pas en grande forme. Mais je m'étais promis d'aller courir. J'aurais très bien pu annuler, après tout, puisque j'allais courir tout seul. Mais je sais maintenant que les petits engagements ouvrent la voie aux plus grands.

J'avais prévu de courir à peu près huit kilomètres, au bord de la mer. Vers le sixième kilomètre, j'ai eu envie de lâcher l'affaire. Personne ne me verrait et je m'arrêterais, tout simplement. Mais j'ai continué. Je voulais être fidèle à mon engagement. Finalement, j'ai même couru cinq cents mètres de plus. J'étais content d'avoir tenu ma promesse.

Je suis passé à côté d'un endroit où il y avait des travaux. Vacarme et nuages de poussière. Ça m'a gâché le plaisir pendant un moment. J'aurais pu terminer ma course de mauvaise humeur. *Je suis venu courir au bord de la mer et finalement j'en prends plein les oreilles et plein les poumons.* Mais je me suis focalisé sur la mer, le soleil, l'air frais. N'aurait-il pas été dommage que cent pauvres mètres me gâchent les sept mille neuf cents suivants ? Je ne les ai pas laissé faire. Se focaliser, c'est primordial.

En chemin, j'ai croisé un sympathique monsieur d'un certain âge qui marchait à vive allure. Je lui ai dit bonjour, parce que je sais ce qu'on gagne à s'ouvrir aux autres. Je savais que ce bonjour allait illuminer ma journée. Et c'est ce qu'il s'est passé. Son bonjour à lui était tonitruant et venait droit du cœur, comme son sourire. Ça m'a réjoui.

J'ai écouté *The Economist* pendant toute la durée de ma course. Quand je cours, je m'informe des événements importants de l'actualité mondiale. D'une pierre deux coups. Le développement est une valeur essentielle pour moi. J'aime ajouter de la valeur à ce que je suis et je le fais tous les jours.

Enfin, je suis descendu sur la plage. Là, j'ai failli me dégonfler. Le soleil brillait mais l'eau était froide. On était au cœur de l'hiver. J'ai hésité un moment et puis je me suis décidé. J'ai plongé. J'ai choisi de me faire violence quelques secondes pour gagner toute une journée, parce que je savais que j'en sortirais régénéré. Souvent, nous sommes timorés. Nous nous réfugions dans la facilité. Mauvaise solution. Nous n'aimons pas la difficulté, c'est pour ça que nous n'avons pas ce que nous souhaitons. Nous préférons échanger des hectares de terre contre une poignée de pépites. Et ensuite nous pleurons parce que les « méchants » nous ont truandés.

Je n'en ai pas toujours eu conscience. On ne me l'a appris ni à l'école, ni à la maison. Je l'ai appris une fois adulte, avec beaucoup de travail, beaucoup de rigueur. Mais ça m'a aidé à transformer ma vie.

Je me souviens que, petit garçon, j'avais toujours l'impression d'être insignifiant. D'être choisi par les choses et de ne rien choisir. Jamais content, un « pourquoi » toujours accroché aux lèvres, je vivais l'injustice collée aux basques. La majeure partie de ma vie a été un mauvais moment à passer.

J'ai beaucoup souffert durant toutes ces années mais je ne me rendais pas compte que je ne faisais qu'un avec la douleur. Puis j'ai fini par trouver mon propre chemin et ça m'a changé la vie. Je ne vis pas en permanence au paradis. Bien souvent, je n'y arrive pas. Même quand je tombe, je me dis bravo et je me relève. Ça ne veut pas dire que je n'apprends pas de mes erreurs. Mais, le soir, quand je me regarde dans le miroir, je vois un ami, pas un ennemi. Il paraît que chaque problème apporte un cadeau avec lui. La plupart des gens le jettent sans l'avoir ouvert. J'ai appris à l'ouvrir, ça a tout changé. Les anciens disaient :

« Ne souhaite pas moins de problèmes.
Souhaite plus de capacités. »

Et ils avaient raison.

LES LUNETTES MAGIQUES

Je les ai achetées cette année. Pas le choix. Les anciennes étaient déglinguées. J'aurais voulu retrouver le même modèle, mais il ne se faisait plus. Question lunettes de soleil, je suis plutôt conservateur, mais l'opticien a réussi à me faire changer d'avis. Il m'a fait essayer quelque chose de nouveau. Il paraît que ça s'appelle des lunettes polarisantes. « C'est magique », m'a-t-il dit en souriant. Je les ai mises et nous sommes sortis pour que je me rende mieux compte. Et c'est vrai, je pouvais effectivement voir des choses que je ne voyais pas auparavant.

Aujourd'hui, je suis allé à l'aéroport chercher mes filles qui étaient parties pour le week-end. En route, j'ai passé un coup de fil à mon copain le Turc, pour souhaiter un joyeux anniversaire à sa fille. Nous étions colocataires à la fac et depuis nous sommes comme des frères. Je l'aime comme c'est pas permis, mais je trouve toujours le moyen de l'emmerder comme ça ne devrait vraiment pas être permis. Il était en train de faire la vaisselle quand je l'ai appelé. « Ils t'ont collé à la plonge ? Sacrée promotion, dis donc ! » J'ai bavardé un bon moment avec lui. La dernière fois que j'étais allé les voir à Bucarest, leur chienne, Mini, avait commencé à faire pipi dans la maison. « Tu la stresses, m'avait dit mon ami, elle a peur que tu tapes définitivement l'incruste. » Et aujourd'hui, il m'a dit la même chose. « Rien que ta voix, ça l'inquiète. On va de nouveau se retrouver chez le psy ! » J'ai raccroché en riant.

Juste après, je suis arrivé à l'aéroport. J'aime bien arriver en avance et observer les gens. C'est dimanche soir, et il y a beaucoup de monde aux arrivées. Des professionnels en tenue de travail attendent leurs clients en brandissant de petites pancartes avec des noms imprimés ou écrits au marqueur. Devant moi, deux petites filles portent exactement les mêmes vêtements. Au début, j'ai cru que c'était des jumelles. Toutes les deux blondes, comme les miennes. Elles étaient suspendues à une barrière, entre tour de balançoire et numéro d'équilibriste. Elles jouaient ensemble mais, toutes les cinq minutes, elles se rentraient dedans, prétendument par erreur, et se disputaient. Puis elles reprenaient leur jeu. Un peu plus loin, deux types d'humeur joyeuse attendaient un proche avec des fleurs.

De la porte des arrivées sont sorties toutes les tribus d'Israël. Comme si l'arche de Noé venait de s'ouvrir. Noirs, Blancs, Grecs, étrangers, petits, grands. Certains seuls, d'autres en couple. Certains insouciants, d'autres observateurs. Certains souriants, d'autres renfrognés. À un moment donné, un type bizarre est apparu. S'il avait été un Schtroumpf, il aurait été le Schtroumpf grognon. Un autre a passé la porte automatique avant de repartir immédiatement en arrière. Là, j'ai vu le vigile devenir plus anxieux encore que Mini, la petite chienne de mon ami. Il l'a ramené en arrière et, dans un anglais approximatif, lui a expliqué quelques principes de base.

Pauvre vigile, il lui a fallu un bon moment pour retrouver son calme.

Peu après, la mère des « jumelles » est arrivée. Elles se sont précipitées sur elle en courant comme des folles. La mère s'est agenouillée et toutes les trois sont soudain devenues une seule et même personne. À côté de moi, une femme émue par la scène a laissé échapper un petit « Oooh ». Nous nous sommes regardés et nous nous sommes souri. Puis vint le couple qu'attendaient les deux types avec leurs roses. En fin de compte, ils n'étaient pas deux à attendre mais quatre. Les deux autres aussi avaient l'air sympa. Les deux qui tenaient les roses les ont offertes ; elles étaient ingénieusement épinglées sur un panneau en carton, très kitsch, en forme de cœur et aux couleurs du drapeau grec. Le troisième avait brandi une pancarte où figurait le nom de leurs amis. Le quatrième immortalisait la scène avec un caméscope. Le couple a éclaté de rire. En un rien de temps, les six amis avaient disparu dans un câlin de groupe.

Puis vint mon tour. Mes filles sont sorties avec d'énormes avions en papier, au moins aussi grands qu'elles. Elles me sont tombées dans les bras. C'était à notre tour de devenir une seule et même personne. Ces trois jours d'absence m'avaient semblé interminables. On aurait dit qu'elles avaient grandi. Qu'elles avaient encore embelli. Notre câlin n'en finissait plus. C'est la plus jeune qui l'a interrompu. « Papa, là-haut ! » Traduction : « Prends-moi sur tes épaules.

— Pas question ! »

Je lui ai fait un clin d'œil et je l'ai perchée sur mes épaules. Elle m'a attrapé les oreilles comme si c'étaient des rênes et nous nous sommes mis en route.

Je suis très content de les avoir achetées, finalement, ces lunettes magiques. Elles m'ont vraiment permis de voir des choses que je ne voyais pas avant. Polarisantes, c'est comme ça qu'on les appelle, si jamais ça intéresse quelqu'un.

TU ES DEUX

Tu es deux, pas un. Il m'a fallu des années pour le comprendre. Quand j'ai compris ça, ma vie a changé. Je me le devais, ce petit texte. Mais, je ne sais pas pourquoi, je l'avais mis de côté.

Elle s'appelle Christina, c'est une amie. Qu'elle soit remerciée de m'avoir rappelé cette vérité. Il y a quelques jours, elle m'a appelé. Nous avons toujours des conversations profondes, tous les deux. À propos de nous, des enfants, de la vie.

« Tu sais pourquoi je t'appelle ? me dit-elle.

— Dis-moi.

— Je suis heureuse. Vraiment très heureuse. J'appelle pour partager ça avec toi, parce que tu vas me comprendre. Figure-toi que je prends enfin soin de moi-même, de mon être intérieur. Je l'emmène faire un tour tous les matins. Comme nous en avions convenu lui et moi. Une demi-heure. Tôt le matin. Je recharge mes batteries. Et elles tiennent toute la journée. Et attends que je te dise la meilleure : nous nous sommes mis d'accord sur le fait que je l'emmènerai à la plage une fois par semaine. Je m'assieds et je fais le vide. Un long moment. Je regarde le bleu de la mer et je le laisse pénétrer en moi. Je ne peux pas t'expliquer à quel point je suis heureuse de prendre soin de ce *moi*. Et c'est réciproque. Ma relation avec moi-même s'est beaucoup améliorée. C'est la première fois depuis très longtemps que je me sens bien. Je me regarde dans le miroir et je me souris. Avec mon mari et mon fils aussi, les choses se sont améliorées. Je te le dis, je suis très heureuse. »

Je suis resté là à l'écouter, le sourire jusqu'aux oreilles. J'essayais de respirer le plus silencieusement possible, pour ne pas en perdre une miette. « Je vais continuer de faire attention à moi chaque jour. J'ai réalisé à quel point je me suis précieuse. Plus je donne à cet autre moi, plus il me donne. »

Si quelqu'un avait entendu notre conversation, il nous aurait pris pour des fous.

En toi, il y a un autre toi. J'ai mis des années à digérer un truc pareil. On me l'avait dit, mais je n'y croyais pas. Quand il ne va pas bien, il ne vient pas râler. Mais tu as l'impression que tout va de travers. Quand il est de bonne humeur, il ne le dit pas non plus, mais tu aimes tout le monde. C'est comme quand tu as bu. Mais sans l'alcool.

Ta vie, c'est ta relation avec toi-même. En général, c'est la relation qu'on néglige le plus.

Nous ne prenons pas soin de cet autre nous. Nous lui parlons mal. Nous l'ignorons. Parfois même, nous le détestons.

Imagine que c'est ton partenaire. Si tu lui en fais voir de toutes les couleurs à longueur de journée, il aura vite fait de t'envoyer pleurer chez ta mère. Eh bien, voilà, c'est ce que tu fais avec ton être intérieur, sauf qu'il n'a aucun moyen de t'envoyer balader. Vous êtes coincés ensemble. Comme des siamois. Tu lui fais des misères, pour ne pas dire pire, et il n'a aucun moyen de te le dire, le malheureux. Et il a de la peine. Il déprime. Et tu l'emmènes chez le psychiatre pour qu'on lui prescrive des pilules. Puis il tombe malade. Alors tu l'emmènes chez le médecin pour qu'on lui donne des médicaments. Et puis – on touche du bois – il te fait un cancer. Tu l'accompagnes à ses séances de chimiothérapie. Mais le pauvre ne veut pas de médecin. Il ne veut qu'une chose et il veut qu'elle vienne de toi.

Cette chose s'appelle l'amour.

Parle-lui avec douceur. Souris-lui. Nourris-le correctement. Donne-lui huit heures de sommeil. Achète-lui des livres. Emmène-le faire un tour. Marche avec lui. Fais-lui faire de l'exercice. Passe du temps avec lui. Écoute-le. Il a tellement de choses à te dire et ça le déprime de te voir te défiler, à chaque fois qu'il ouvre la bouche. Tu lui fais le coup de la télé, des réseaux sociaux, de la musique, du bavardage.

Aime-le comme s'il était ton enfant.

Prends-le dans tes bras et serre-le fort. Pleure avec lui. Peut-être qu'il en a besoin. Ce n'est pas une honte. C'est une libération.

Vous êtes deux là-dedans.

Accepte-le, ça va te changer la vie.

Pardon, ça va vous *changer la vie…*

LE COUP DE FIL

On ne s'était pas parlé depuis longtemps. Ça m'a fait plaisir de voir son nom s'afficher sur l'écran de mon téléphone.

« Alors, comment ça va ? lui ai-je demandé.

— Moi, ça va bien, m'a-t-elle répondu. Toi, par contre, tu ne touches plus terre. On peut dire que la vie prend soin de toi ! »

S'il y a bien une chose qui m'énerve, c'est quand les gens croient à la chance.

« La vie ne prend pas soin de moi, lui ai-je dit, c'est moi qui prends soin de moi. Je travaille comme un fou.

— Ouais, n'empêche, t'as une bonne étoile, toi. Depuis toujours. »

On a bavardé un petit moment et puis on a raccroché.

Cette conversation m'a laissé pensif.

Je ne lui ai pas dit que je me levais à 5 heures tous les matins pour bâtir ma vie.

Je ne lui ai pas dit que je partais à l'aube pour courir une demi-heure avant d'aller nager, même au cœur de l'hiver.

Je ne lui ai pas dit que je lisais un livre par semaine.

Je ne lui ai pas dit que j'écoutais tous les jours des conférences passionnantes sur Internet.

Je ne lui ai pas dit que je n'avais pas regardé la télévision depuis 2001.

Je ne lui ai pas dit combien de fois j'avais renoncé au plaisir de passer un week-end avec mes enfants pour assister à des séminaires.

Je ne lui ai pas dit combien de fois j'avais cassé ma tirelire pour aller écouter des gens inspirants à l'étranger.

Je ne lui ai pas dit depuis combien d'années je faisais de la thérapie de groupe pour apprendre à me connaître et à connaître mes émotions.

Je ne lui ai pas dit combien d'enseignants j'avais prévu de rencontrer à travers tout le pays pour voir mon rêve se réaliser.

Je ne lui ai pas dit que je surveillais mon alimentation de près pour garder la forme.

Je ne lui ai pas dit combien de cahiers de miracles j'avais remplis durant toutes ces années.

Je ne lui ai pas dit combien de conversations j'avais eues, avec des amis et des inconnus, pour apprendre ce que je sais.

Je ne lui ai pas dit combien de temps je passais chaque semaine en compagnie de mes objectifs.

Je ne lui ai pas dit combien de jours et de nuits j'avais passés à respirer et à faire le vide.

Je ne lui ai pas dit combien de millions de déclarations j'avais faites devant un miroir, alors que je tombais de sommeil.

Je ne lui ai pas dit que je continuerais à en faire tant que je vivrais.

Il y a encore bien des choses que je ne lui ai pas dites.

Peut-être parce qu'elles n'ont d'importance que pour moi-même.

Peu importe la nature de ton rêve. Ce qui compte, c'est le prix que tu es prêt à payer pour qu'il se réalise. Quand les uns et les autres te demanderont de leur expliquer comment tu as réussi à accomplir tout ça et comment tu peux poursuivre avec tant d'ardeur, ne leur raconte pas ce que tu as fait pour en arriver là.

Dis-leur simplement que la chance n'est pas venue à toi. Dis-leur que tu es allé la chercher.

FACILEMENT

C'est mon dentiste depuis des années. Il se trouve que nos enfants sont dans la même école. Ce jour-là, j'étais au volant. J'ai vu qu'il avait essayé de me joindre et je l'ai rappelé. C'est son assistante qui a répondu.

« Bonjour, est-ce que je pourrais parler à Nikos ? »

Il a tout de suite pris mon appel : « Oui, Stef, c'est moi. J'ai appris que Sharma serait à Londres la semaine prochaine, c'est pour ça que je t'appelais. »

Sharma, c'est mon auteur préféré et Nikos sait que j'en suis fou.

« Non, t'es sérieux, Nikos ? » J'étais comme un gosse.

Il m'a promis de me transmettre l'e-mail avec toutes les infos et je me suis engagé à lui envoyer les notes que j'avais prises lors de la dernière conférence de Sharma. Je lui ai demandé de souhaiter un joyeux anniversaire à sa fille de ma part et nous avons raccroché le cœur léger, après avoir fixé un rendez-vous pour notre prochaine petite marche.

J'étais toujours au volant, il y avait de la circulation. Les embouteillages, c'est mon péché mignon. Je profite d'être seul avec moi-même, je passe des coups de fil et je fais avancer les affaires courantes.

Tout de suite après avoir raccroché avec Nikos, j'ai appelé Eleni, ma très chère amie. J'adore la taquiner. Elle marche à tous les coups.

Au début, elle ne m'a pas reconnu : « Allô, qui est-ce ? »

J'ai répondu « l'écrivain » et nous avons pouffé de rire tous les deux. On a bavardé, on s'est chamaillés.

« Stefanos, tu sais que quand tu nous appelles à des heures pareilles, nous sommes au travail, nous », m'a-t-elle dit à la fin de la conversation, avant d'éclater de rire.

Nous convenons de nous voir le samedi suivant.

Après ce coup de fil, je réécoute mon conférencier préféré sur mon téléphone. Ce type-là me fait littéralement décoller. Peu après, « j'atterris » dans le quartier de Pangrati. J'ai un document à signer. La banque se trouve dans la rue principale. Je me gare en double file à un endroit où je ne gêne personne et que je peux voir depuis l'intérieur de l'agence. J'achète une petite bouteille d'eau fraîche dans la supérette d'à côté et j'entre.

Je trouve l'employée adéquate. Elle est serviable, rapide et polie. Je m'assieds, je lui donne ma carte d'identité et je signe. « On a terminé », me dit-elle. Ça n'a même pas pris deux minutes.

« Déjà ? lui dis-je.

— Déjà », me répond-elle en souriant.

Il y a des années que j'ai choisi de vivre facilement. Facilement ne veut pas dire que je barbote dans le petit bain. J'aime prendre le large, j'aime prendre des risques. Même quand l'eau est profonde. Même si la mer est agitée. L'un n'empêche pas l'autre. J'adore nager dans des eaux sans fond. Je ne me fais pas violence. Je le fais facilement. Beaucoup de gens voient la vie comme une galère.

C'était aussi mon cas. Mais j'ai décidé d'arrêter. Ça m'a remis d'aplomb. Depuis que je vis la vie facilement, elle me vient plus facilement. Je lui souris et elle me sourit. Je la câline et elle me câline. Tout est miroir. La vie, en premier lieu.

À la sortie de la banque, devant la porte du sas de sécurité, un inconnu souriant m'attend. Il me tient la porte ouverte. « Vous voulez passer avec moi ?

— Ah oui, je veux bien, je lui souris et je lui demande : on rentre, à deux ? » même si c'est évident. Il est mince, lui aussi. « Il y a quelques jours, me dit-il, j'allais rentrer et la dame m'a demandé d'attendre mon tour.

— Je vois. Bonne continuation, lui ai-je dit en le saluant.

— À vous aussi. »

Je suis monté dans ma voiture. Je me suis mis en route et j'ai redonné la parole à mon conférencier préféré. J'ai redécollé.

Simplement et facilement.

ENGAGEMENT

C'est une histoire que j'ai entendue lors d'un des séminaires de mon mentor Antonis.

Platon et Socrate marchent dans l'ancienne *agora*. Platon demande à Socrate :

« Maître, comment puis-je obtenir ce que je souhaite dans ma vie ? »

Socrate l'ignore. Il continue sa promenade. Platon repose sa question. Aucune réponse. À un moment donné, ils arrivent devant une citerne pleine d'eau. Socrate lui plonge brusquement la tête dans l'eau.

Platon est choqué. Il essaie de se retirer, mais Socrate insiste. Peu après, il parvient à se relever, à bout de souffle.

« Maître, est-ce que tu es devenu fou ? Je te demande comment obtenir ce que je désire dans la vie et, toi, tu tentes de me noyer.

— Quand tes désirs se feront aussi pressants que ton désir de respirer, tu obtiendras tout ce que tu voudras », lui répond le sage professeur.

C'est ça, l'engagement.

Nous avons tendance à nous arrêter au beau milieu du chemin. Si ce n'est pas au tout début. Nous voulons le résultat, mais pas la transpiration. Nous sortons du cinéma en frissonnant, fascinés par ceux qui ont réussi.

Ceux qui ont tout donné pour leur rêve. Ceux qui n'ont pas écouté les « non ». Ceux qui ont mis leur vision au-dessus de leur propre vie. Mais nous, nous voulons le beurre et l'argent du beurre. Nous voudrions faire des omelettes sans casser nos œufs.

Voilà une histoire vraie. Steve Jobs, le futur fondateur d'Apple, a dix-huit ans et cherche du travail. Il se rend dans les bureaux d'Atari, une société qui domine le marché de l'époque. Il dit au réceptionniste qu'il veut voir le président.

« Vous avez rendez-vous ?

— Non, lui répond Jobs.

— Dans ce cas, vous ne pouvez pas le rencontrer, lui annonce poliment l'employé.

— Je ne bougerai pas d'ici sans l'avoir vu. Vous allez devoir me traîner dehors », lui répond Jobs, avec cette fameuse étincelle dans le regard.

Peu après, le réceptionniste téléphone à la secrétaire du président :

« J'ai un fou, ici, il veut voir le président. Il a l'air intelligent. S'il a cinq minutes, demande-lui de le recevoir. »

Peu après, le président le reçoit. Et il l'embauche, évidemment.

Ce jour-là, Jobs était parti pour trouver du travail. Il était catégorique. Il n'avait pas de plan B. C'est ça, l'engagement. « Ça ou la mort », comme disaient les anciens.

Quand tu entends quelqu'un dire « Je vais essayer », « J'espère », « J'aimerais bien » et ce genre de platitudes, laisse tomber. Il n'ira pas au bout. Quand tu entends quelqu'un dire « Je vais déplacer des montagnes », « Je dois réussir, c'est une question de vie ou de mort », là tu sais que c'est du sérieux. On n'a jamais fait cuire un œuf dans de l'eau tiède. Il faut qu'elle soit bouillante. Il faut que ton âme soit en ébullition tous les jours pour ton rêve. Et, bien sûr, il faut que tu te bouges les fesses.

Alors, tu obtiendras ce que tu désires dans la vie.

C'est aussi ce qu'a dit ma plus jeune fille :

« Vous comprenez, les filles, ce que c'est que l'engagement ? » leur ai-je demandé après leur avoir raconté l'histoire de Jobs.

« Moi j'ai compris, Papa.

— Dis-moi.

— C'est de te promettre à toi-même
que tu n'abandonneras jamais. »

Dieu te garde, mon petit amour...

AVOIR TORT

J'aurai toujours tort. Toujours.

Moi, toi et tous les autres.

Dit comme ça, ça peut sembler bizarre.

Mais, à y regarder de plus près, ça s'appelle l'évolution. Jadis, on pensait que la Terre était plate. Ce n'est pas le cas. Ensuite, on a cru qu'elle était immobile. Et elle tourne.

Aujourd'hui, tu crois quelque chose. Il y a même de bonnes chances pour que tu sois complètement sûr. Pas l'ombre d'un doute. Sauf qu'aujourd'hui, tu ne sais pas ce que tu vas apprendre demain. Tu ne sais pas ce que tu vas endurer demain. Aujourd'hui, tu ne sais pas que tu ne sais pas. Mais demain est un ami. Il va t'apporter la connaissance, l'expérience, la lumière. Il va remettre en cause ce que tu savais. Aujourd'hui, tu as moins tort qu'hier, mais plus que demain. Beaucoup plus qu'après-demain. Est-ce si grave d'avoir tort ?

C'est le plus beau cadeau qu'on puisse te faire. Ne te braque pas. Écoute ce que les autres ont à te dire. Fais le vide dans ton esprit pour que leurs idées puissent y pénétrer. Peut-être qu'au final, elles ne seront pas compatibles avec les tiennes, mais c'est une autre histoire. Fais de la place pour la nouveauté. Elle va t'éclairer. Te réchauffer. Te faire avancer. Te libérer.

J'ai une amie qui a été très contrariée quand sa sœur s'est mariée. Elle était sûre que l'heureux élu était un boulet. Nous, tous les autres, nous le trouvions super, dévoué, apte à la rendre heureuse. Et nous avions vu juste. Mon amie a mis des années à le reconnaître. Au début, ça ne lui a pas fait plaisir. Elle voulait avoir raison. Comme tout le monde. Et puis elle s'est réjouie. Comme personne.

J'ai aussi un ami qui se plaint de la Grèce, de ses conditions de vie, de son travail, qui se plaint de tout. Avant, je lui proposais des solutions. Elles étaient sous son nez. Je me demandais comment il pouvait ne pas les voir. Ensuite, j'ai compris. Il ne voulait pas de solutions. Il voulait avoir raison. Son problème était devenu son petit jouet. Il m'appelait pour qu'on joue avec. Pas pour qu'on le règle.

Vouloir avoir raison à tout prix, ça te booste, au début. Comme la drogue. Mais ensuite, tu le payes cher. C'est une partie de Monopoly. Au début, tu hypothèques ton bonheur. Puis ta santé. Puis ta vie tout entière.

Dès l'enfance, on nous a appris à avoir raison. À argumenter. À nous défendre. À être forts. On nous a appris qu'avoir tort était une faiblesse. Que ça revenait à être « une mauviette ». On ne nous a pas appris à écouter. On ne nous a pas appris que le plus fort, c'est celui qui peut se remettre en cause. Celui qui apprend. Qui évolue.

Un jour, mon mentor nous a demandé :

« Finalement, vous voulez avoir raison ou être heureux ? »

On ne peut pas être plus clair…

IL N'Y A QUE L'AMOUR

Couche-toi tôt. Nos journées commencent le soir.

Mets-toi au lit en ayant déjà planifié ta journée du lendemain. Avec un crayon et un papier. Ne laisse pas faire le hasard. Les jours deviennent des mois et les mois des années. On ne vit qu'une fois. Ne passons pas à côté.

Note tes objectifs dans un cahier. Scrupuleusement. Écris-les, encore et encore. C'est la boussole de ta vie.

Écris, de manière générale. Ça fait du bien. Ça allège l'âme.

Lève-toi tôt. Très tôt. Si ton cerveau a des envies de grasse matinée, ne l'écoute pas. Apprends à ne pas négocier avec lui. C'est toi qui décides.

Regarde-toi dans le miroir et souris-toi. Dis-toi de belles choses. Tu es ton ami. Le meilleur de tous.

Sors marcher ou courir tous les jours, où que tu vives. Au moins vingt minutes. Fais chauffer la machine.

Pendant que tu marches, écoute quelque chose. Des discours inspirants. Des gens inspirants. D'une pierre, deux coups.

Souris à ceux que tu croises. Dis-leur bonjour. Même s'ils ne répondent pas. Ils ont sûrement une raison.

Regarde la beauté autour de toi. Elle est partout.

Prépare un bon petit-déjeuner. Pas que pour toi.

Prends une douche et apprécie-la. Laisse tes pensées à la porte.

Porte des vêtements que tu aimes.

> Prends soin de toi
> comme si tu étais la personne
> la plus importante au monde. Tu l'es.
> Mais on ne te l'a jamais dit.

Trouve quinze minutes pour lire. Tous les jours. Limite le temps que tu passes sur les réseaux sociaux. N'allume pas la télé. Le manque de temps est un mensonge. Mais c'est à toi de le trouver. Personne ne va te l'apporter sur un plateau.

Pars travailler avec entrain. Même si tu n'aimes pas ton boulot. Au besoin, trouves-en un autre. Mais tant que tu fais ce métier, respecte-le. C'est comme ça que tu te respectes toi-même. Mérite dix fois ton salaire. Même s'il est ridicule. Tu le fais pour toi.

Travaille en équipe. Vis le collectif. Il n'y a pas d'alternative.

Mange un goûter. Prends soin de toi comme d'un trésor. Une banane ou une pomme. C'est facile. Ne te raconte pas d'histoires.

Fréquente les meilleurs. Ceux qui ont quelque chose de plus que toi, qui ont ce que tu désires. N'aie pas peur d'eux. Ne sois pas jaloux d'eux. C'est eux qui vont te faire avancer. On devient ceux que l'on fréquente. Il faut que la barre soit haute.

Réjouis-toi de la joie de l'autre. Bois beaucoup d'eau. Respire profondément. Ton ventre doit s'arrondir quand tu respires. Même si ce n'est pas à la mode.

Regarde moins la télé. Diminue d'une heure chaque jour et tu auras gagné trois cent soixante-cinq heures à la fin de l'année. Neuf semaines de travail. Les autres auront vécu douze mois et toi quatorze.

Ne crois pas à la chance. C'est toi qui la provoques. Mets-toi ça dans un coin de la tête, ça va te changer la vie.

Vis la vie. Quand tu ris, tu ris. Quand tu pleures, tu pleures, quand tu souffres, tu souffres. Tu n'es pas en porcelaine. Tu ne vas pas casser. Les porcelaines sont faites pour les vitrines.

Passe du temps avec toi-même. N'aie pas peur. Ce n'est pas de la solitude. C'est tellement dommage de ne pas pouvoir passer un moment avec soi-même sans avoir un écran devant les yeux. C'est comme d'avoir un visiteur et de le laisser seul.

Toutes les solutions sont en toi. Dans ta tête et dans ton cœur. Fais taire le bruit. Fais silence et elles vont t'apparaître. Certains disent que Dieu est en nous. C'est de ça qu'ils parlent.

Sers-toi de ta tête autant que de ton cœur. Parfois tu écouteras l'un davantage que l'autre. Comme le bon cuisinier qui sait s'il manque plutôt du sel ou plutôt du poivre.

Va te promener avec ton autre toi. Emmène-le au cinéma. Allez où ça vous chante. Qu'il sente que tu l'aimes et que tu l'apprécies. Il ne le sait pas. La vie, c'est ta relation avec toi-même.

Ne te laisse pas embarquer par les opinions des autres. Écoute-les.

Mais écoute d'abord ce que tu ressens.

Ferme les yeux et rêve.

Fais quelque chose de bien. Aide les gens qui t'entourent. Surtout ceux que tu ne connais pas. Ta famille ne se limite pas à tes enfants. Le monde entier en fait partie. Il n'y a que comme ça que tu trouveras le bonheur. Comme ça et pas autrement.

Tiens un journal des beautés de la vie. Chaque journée en compte au moins cent. Note-les. Si tu ne les notes pas, elles s'évaporent. Mon mentor les appelle des miracles. Pouvoir marcher en est un. Note-le. Ne l'ignore pas.

Pas de commérages. Occupe-toi de tes affaires. Tu n'as de pouvoir que sur toi-même.

Cherche. Pose des questions. Lis. Ne crois pas tout ce que tu penses.

Développe-toi chaque jour. Jusqu'au dernier jour.

Aime ton prochain. Mais aime-toi toi-même, avant tout. Tu n'as personne d'autre. Ne te fais pas d'illusions. Tu arrives seul et tu repars seul. Sans tes enfants. Sans ta voiture. Sans ton argent.

Il n'y a que l'amour que tu emporteras avec toi. Celui que tu as reçu et celui que tu as donné.

Il n'y a que l'amour.

Tu es là pour ça.

Nous sommes tous clairvoyants !

L'intuition et la clairvoyance sont des dons naturels avec lesquels nous naissons mais, à défaut d'être nourris et développés, ils peuvent se perdre avec le temps.

Grâce aux exercices simples, ludiques et efficaces de Nous sommes tous clairvoyants ! et au travers d'expériences concrètes et inspirantes partagées dans cet ouvrage, vous allez acquérir de véritables compétences médiumniques.

DÉCOUVREZ COMMENT :

• Rencontrer vos guides spirituels et vos anges • Mener une conversation médiumnique • Développer l'art de l'écriture automatique • Libérer des vies antérieures • Et plus encore...

Pendant 20 ans, **BelindaGrace** a développé ses propres intuitions et dons de clairvoyance. Son métier de guérisseuse clairvoyante la pousse à voyager chaque année en Australie, aux États-Unis, au Royaume-Uni et en Europe, pour des cours, des ateliers et des séances.

ISBN : 9782017200116

Le lotus & l'éléphant
POCHE
www.lelotusetlelephant.com

Le guide des pierres et cristaux

Le guide référence de la lithothérapie !

Philippe Bataille, spécialiste de la lithothérapie, vous invite à vous connecter aux énergies des pierres et des cristaux.

Condensé de plus de 30 ans d'expérience, vous trouverez dans ce guide :

- 360 pierres entièrement décryptées.
- Des fiches synthétiques avec les propriétés physiques, énergétiques, émotionnelles et spirituelles de chaque pierre ainsi qu'un mode d'emploi clair et complet.
- Les photos en couleurs de chaque pierre pour les identifier facilement.

Philippe Bataille est thérapeute spécialiste de la lithothérapie et conseille depuis plus de 30 ans dans le magasin de pierres le plus réputé de la capitale Minérales Do Brasil.

Plus de 100 000 lecteurs déjà conquis par ce best-seller !

ISBN : 9782017200154

le lotus & l'éléphant
POCHE

www.lelotusetlelephant.com

Explorez votre thème astral

Le guide simple et pratique pour comprendre les bases de l'astrologie !

Dans cet ouvrage illustré, l'astrologue Nathalie Ros vous apprend à décoder les éléments clés du zodiaque (soleil, lune, ascendant, nœuds lunaires...) et à explorer les signes pour comprendre leur influence sur votre quotidien.

Pour chaque signe vous découvrirez son caractère, ses relations amoureuses, son rapport au travail et à l'argent, sa santé, ses tourments, ses qualités et défauts, les clés de son équilibre, sa spécificité pour les enfants mais aussi toutes les compatibilités entre les signes.

Nathalie Ros

Formée par Roland Legrand, Nathalie Ros est une astrologue passionnée. Elle propose une approche à la fois douce, simple et ludique grâce à laquelle elle rend l'astrologie accessible à travers ses ouvrages et sur internet où elle est suivie par près de 100 000 personnes.

ISBN : 9782017205838

POCHE
www.lelotusetlelephant.com

Soul dating : rendez-vous avec votre âme

Conçu comme un programme de coaching, ce guide complet vous offre les clés pour vous reconnecter aux dimensions spirituelles de votre Être. Jour après jour, plus de 50 pratiques et exercices vous accompagnent dans votre cheminement et vous reconnectent à l'essentiel.
Pratiques énergétiques et corporelles : ancrage, harmonisation de votre aura et de vos chakras, protection énergétique, sexualité sacrée, libération des relations toxiques et des dépendances, abondance...
Pratiques émotionnelles et mentales : confiance en vous, gratitude, centrage, lâcher prise, régulation du mental, libération des peurs et du regard des autres...
Pratiques mémorielles et spirituelles : connexion à votre enfant intérieur, votre moi supérieur et votre âme, régulation de votre égo et de votre Karma, facultés extra-sensorielles (clair voyance et clair audience), communication animale, soins énergétiques, passages d'âmes...

Malory Malmasson est thérapeute en mémoires cellulaires, psycho-énergéticienne et auteure de nombreux ouvrages sur les thèmes du bien-être et de la spiritualité. Depuis dix ans elle conseille chefs d'entreprises, particuliers et artistes afin de les accompagner dans leur processus d'alignement.

ISBN : 9782017200260

Le lotus & l'éléphant
POCHE
www.lelotusetlelephant.com

Composition et mise en pages
Nord Compo à Villeneuve-d'Ascq